記憶強化全攻略

美國最機智的神經科醫師教你運用聯想力，活化大腦、延緩失智，讓人生更有品質

理查・瑞斯塔克 Richard Restak 著　劉宗為 譯

The Complete Guide to Memory

The Science of Strengthening Your Mind

CONTENT 目錄

第一章　記憶力是腦力的基準——005
現代人的煩惱／大部分的記憶問題都與腦力無關／提升記憶力有好處沒壞處

第二章　歷史上的記憶理論與方法——019
空間記憶法／古老的圖像記憶法／卡米洛的記憶劇場／強烈、帶有情感的事情才記得住／用誇張的畫面來增加印象／死背有用嗎？／大腦如何形成長期記憶／形成記憶的三道程序／多重編碼／追蹤你的想法／心智圖：將概念連連看／狀態意識

第三章　五大記憶類型：短期、長期、工作、程序與未來——053
人生從形成記憶開始，也從記憶的瓦解結束／幸運的「七」／如何記住一大串數字：分組、聯想與諧音／記憶工具／在腦海中裝設高倍數鏡頭／用熟悉的地點來增加記憶力／蔡加尼克效應／用顧客的臉記下點菜的項目／學過的東西要常複習／工作記憶大挑戰／額葉負責工作記憶／額葉受損或退化，許多心智功能都會消失／有自我管控力才能維持生活作息／背球員名單、讀小說與做菜對大腦有益／訓練記憶力的問答題／教人煮咖啡比自己煮難得多了／「嚴密地計畫，放鬆去執行」／習慣所造成潛在危險／未來記憶

第四章　讓初戀無限美的情節記憶——107

情境式記憶法／縮寫記憶法／大螢幕比較有助於吸收資訊／額葉到二十五歲才成熟

第五章　記憶力的死對頭——123
遺忘的好處／無法忘記事情的人／大腦喜歡熟悉感／臉盲症：「我認識你嗎？」／「我曾經來過這裡」／舊事如新：一切都變陌生了／似真似假的回憶也會有影響力／「陽台上的鸚鵡」／下標題才容易記住內容／懷舊廣告的操弄手法／連看電影都會記錯感想／失憶症／只有活在當下的人／只有過去的人／漫遊症：突然忘了自己是誰就能擺脫壓力／爵士吉他大師的動人經歷／情緒會改變記憶／創傷事件造成的幻覺／修正回憶

第六章　共有的回憶與集體記憶——183
背詩可以增加記憶力和想像力／難以忘懷的奇特畫面／「我在夢中看到苯的化學式」／伴侶就是共享往日情景的夥伴／假消息、假新聞氾濫的現代生活／記憶戰爭／「誰控制著過去，誰就控制著未來」／惠妮．休斯頓再次登場

第七章　強化記憶的生活好習慣——213
藥物副作用太多／午睡是最有效的充電方法／吃得健康才有本錢訓練腦力／一天兩杯咖啡／戒酒好處多／微運動

CONTENT 目錄

附錄一　美國的記憶力錦標賽現場——227
附錄二　重點複習——231
致謝——239
重要詞彙——240
參考資料——247

CHAPTER

1

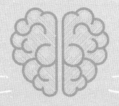

記憶力是腦力的基準

THE COMPLETE GUIDE TO

MEMORY

現代人的煩惱

現代人更應該關注記憶力的問題，原因很多。想想看，若有超強的記憶力，其他能力也會跟著變強，如注意力、抽象思考力、人際關係、空間感、表達力以及語言學習力等。簡單來說，記憶力是增進大腦各功能的關鍵。

在美國，年過五十的成年人都深怕自己會罹患阿茲海默症。國家公共廣播電台（NPR）每週都會播放益智節目「讓我猜猜看！」（Wait Wait...Don't Tell Me!），而各種社交場合（如晚宴、員工聚餐等）也會用猜謎來當餘興活動。在狂歡暢飲之際，大家在台上模仿不同的角色，看看誰先想出那個角色的名字。無可避免的是，一定會有人拿出智慧型手機，上網查詢正確答案為何。「快！快點！」以免有人懷疑你有阿茲海默症的初期症狀。

其實阿茲海默症並不那麼常見，但我們總忍不住向親友表示，自己的記憶力越來越差。通常人到了中年都會有這種焦慮，雖然一點根據也沒有。政府單位也開始關注全民的記憶力問題以及其徵兆。社會上有這種恐慌，是因為大家都不了解記憶的形成方式。

試著回想看看，今天早上發生了哪些事情，任何平凡的小事情都可以。接著再想想，這些回憶是如何形成的。

如果我沒有請你去回想，沒有特別緣由的話，你也應該不會想起來那些小事。

基本上，此過程就是重新回想之前發生過的事情，就技術上來說，就是努力提出儲存在大腦中的資訊。

記憶跟夢境、想像一樣，都是因人而異，取決於每個人的生活經歷。

記憶與照片或影片也不一樣，後者是用科技記錄過去的事件，但它們不是記憶。

大部分的記憶問題都與腦力無關

既然如此，我們先來探究何謂正常的記憶。下面列出幾個問題，並請你判定它們是（a）認知功能正常或（b）記憶力出問題。

問題一：「我在宣傳單上看到有特價商品，於是開車去到大賣場購物。買完出來時，我不記得車子停在哪裡了，花了好幾分鐘才在廣大的停車場找到它。」

答案是a：認知功能正常。在你駕車前往大賣場的途中，全副心思都在要買的特價商品，所以沒去想車要停在哪裡。你把車子停在賣場入口附近的停車位，然後開始購物。你根本沒有記住車停在哪裡，所以走出賣場時才找不到車。英國大文豪山謬．強森（Samuel Johnson）說過：「記憶力的訣竅在於專注力。」（The true art of memory is the art of attention.）強森指的是全神貫注，將精神力集中在單一的外在事物。你沒有留意車停在哪裡，所以只有片面的印象。後續章節會再詳細探究專注的問題。

問題二：「我在賣場了特價商品，但離開後我忘記自己是開車還是搭車來的。」

答案是b：記憶力出問題。當事人的記憶力可能已受損或有早期的認知功能障礙。在這個例子裡，你不是忘記某件事情（你停車的地方），而是無法回想起如何到大賣場。這一路上，你肯定跟周遭的人事物有互動，如你自己開車的話，會記得交通狀況或收音機播了什麼歌；如果你坐公車的話，會記得路上的風景或乘客。

問題三：「我忘記了孫子的名字。」

答案是a：認知功能正常。你越喜愛對方，就越能記住對方的名字。山謬．強森認為，專注的基礎就是「喜愛」。我們不會把心思用在自己不感興趣的東西。即便你不喜歡自己的孫子，也記不住他的名字，甚至造成家庭失和，但這不代表記憶力受損。

問題四：「家人相聚時，彼此對於一起出國旅行的印象都不同。」

答案是a：認知功能正常。即便是同卵雙胞胎，彼此也不會有相同的人生經歷。兄弟姊妹的性別、年齡差距與大人的互動方式有差別，就會造就不一樣的人生經歷，形成的記憶也不同。

問題E：「我以前橋牌打得不錯，但現在我打牌時腦袋總是一片混沌，不記得各家打過什麼牌了。現在沒什麼人要找我搭檔玩牌了。」

答案是b：記憶力出問題。以前花時間學過的東西忘了怎麼做，這就很嚴重了。經常做某件事，就很難忘記它，除非程度落差太大。如果你以前橋牌只是打得很普通，那後來表現不好就不是問題，也許你只是對這項遊戲厭倦了。但如果你曾經是高手，如今卻沒人想和你一起打橋牌，那麼最好找醫生做進一步的檢查。

問題F：「我從辦公室開車返家時下錯了交流道。我以前從來沒犯過這樣的錯誤。」

答案是a：認知功能正常。開車屬於神經科學家所謂的程序記憶（procedural memory）。只要執行某個動作的次數夠多，就不再需要有意識、專注地去做它。開車往返公司與住家，日積月累下來，就能建立某種程序記憶，這也包含開啟或關閉自動導航的時機，也就是大腦的自動化程序。恍神、分心或欠缺注意力並不會中斷程序記憶的運作。不過，正如有經驗的運動員都知道，努力過頭會影響到實際的表現。在上千個小時的練習後，我們建立某項程序記憶，讓身體自動去執行某種動作，但有意識的行為會打斷這個SOP。所以運動員太緊張、焦慮的話，就會影響到他的程序記憶，因而表現失常。我們在這例子看到，記憶的不同功能也會彼此發生衝突。

問題G：「越來越難記住大家的名字。」

答案是a：認知功能正常。各年齡層的人都會抱怨這個問題，還因此擔憂自己會得了失智症。但這現象很常見，不是記憶力的問題。名字有一兩個字被換掉很容易，也有不少人以為我叫大衛·瑞斯塔克或賈斯丁·瑞斯塔克。重點在於，名字與臉孔間並不存在必然的連結，所以我們才會忘記同事的名字。後續我會提到一些有用的方法，只要多練習，就能記住大量的人名。這樣一來，你就不會在社交場合出糗，也就是在介紹彼此認識時，腦袋突然一片空白。

除了專注，提升記憶力的第二個方法就是創造意義。若是某人的名字很難記，你可以將它連結上某個鮮明的圖像或聲音。這是有科學根據的：運用有某種規律的一系列數字、字母或圖像，就能記住某件事物。記憶術的起源可追溯至中世紀，我在第二章會談到。

問題H：「我去超市前得寫好採購清單，否則一定會忘記該買的東西。但另一方面，我是專業的舞台劇演員，即使已八十多歲了，上台表演還是不會出錯。只要週末花時間研讀劇本，週一就可以參加排練，不需要有人幫我提詞。」

答案是a：認知功能正常。這位演員所提出的問題涵蓋了本書會探究的許多主題：專心、動機、思慮、心像等。他已經八十歲了，會忘記某些雜務事項，這是可預期的。上了年紀後，買東西就要列出購物清單，否則就難以記住。但確實有方法可以改善這現象，後續章節將會深入探討。

這位資深演員所描述的第二個現象很有趣。熟記新劇本和台詞，早已是他的第二天性，是自動化的認知過程。相較於此，列購物清單時，大腦運作的是另一個在退化的區塊，而這是所有八十歲老人都會有的通病。他並非刻意地去區分背劇本與處理生活的能力，而是他在劇場打滾多年，才會造成前後兩者的落差。

附帶一提，許多上了年紀的演員都不得不放棄演舞台劇，而是在電視影集中軋一腳，因為後者對記憶力的要求小很多。但他們不用放棄演藝生涯。有位八十多歲的知名影星演舞台劇時會戴着耳機，好讓工作人員幫他提詞。因為他再也沒有強健的記憶力可以快速熟記劇本、馬上入戲。

一位四十多歲的專業演員推測，這位八十歲的演員能記得劇本，卻記不住採買清單，是因為：「他在閱讀劇本時，不只是在背誦文字，而是會在心裡排演，並推敲角色的動機。這位年長的演員不僅唸出台詞，還體現這個角色內心的想法；也就是說，他透過文字表達出該角色的性格。研讀劇本需要用到某種『肌肉記憶』，這與記住採買清單不同。演員唸出台詞時，身體和心靈都要連上角色的動機和意圖。基本上，研讀劇本是非常費力的任務，得集中注意力與思緒。此外，唸台詞要注重節拍和韻律，因此大腦要處理的不光是語言而已。」

問題I：「我收拾好行囊準備開車去旅行，但上車時想不起來打算要去哪裡。」

答案是a：認知功能正常。這種經驗看似難以理解，但許多人都發生過。這種情節好像只會出現在搞笑電影中，但確實是我某位患者的經歷。他工作過勞又壓力大，前一陣子才勉強接受同事的建議，準備要用掉累積已久的特休。他親自擬好了假期行程表，但內心的恐慌與焦慮卻沒有消退。他還做了全套的醫療檢查，包含記憶功能檢測，結果顯示出他一切正常。這個案例乍聽之下有點怪異，但當事人的認知功能的確沒問題。因此，每個抱怨自己記憶力出問題的人，也許都有各自的生活難題。

提升記憶力有好處沒壞處

想要信任自己的記憶力，就要找到對的方式去訓練它。

對大多數人來說，忘東忘西是日常的一部分；已知的事情怎樣都想不起來，就好像得了輕微的失憶症。因此，健忘不是罕見的記憶障礙，而你也不是特別無能。不然，請回想一下今天午餐吃了什麼？這件事情想起來不難。接著，請再回想一個月前的今天午餐吃了什麼？如果你還記得，那我確信當天一定發生了什麼特別的事情。再往前想想，兩個月前的今天你午餐吃了什麼？（有些記憶大師可以記得）。同樣地，除非那天有發生一些特殊事件，讓你有個心理上的連結，否則你不可能記得住的。

從以上這項小實驗，我們就能得出十分重要的論點。我們自以為能記住很多事情，但一旦有人問起，實際上卻都記不得了。不過，如果某些事情很重要又帶有情感，你就會記得住。因此，想要提升記憶力，就要找出它情感上的意義。

記憶的形成有賴於三項程序：編碼（encoding）、儲存（storage）以及檢索（retrieval）。而以下是兩種常見的問題：

編碼錯誤：在社交場合上，當你若有所思或沉溺在自己的幻想中，那就不太可能記得新朋友的名字。缺乏專注力，便無法形成相關的記憶並對其編碼，所以你之後會想不起那些人的名字。

檢索錯誤：成功對某段訊息編碼、儲存後，卻無法在腦袋搜尋到它。

編碼錯誤與檢索錯誤都很常見，差別在於，前者還能讓人找到線索，而後者則是令人腦袋一片空白。因此，大多數的考試都有選擇題，這樣學生比較容易在眾多選項中找出正確的答案。沒有任何選項的問答題比較難。

在形成記憶的三階段中，第一項「編碼」最為關鍵。本書的許多記憶法都與增強編碼有關。舉例來說，將文字轉換為畫面就很有用，因為視覺是人類最直接的感知。一般來說，我們天生就有觀察力，不需要他人的教導就懂得觀看事物。但我們必須透過學習、甚至花費一番努力，才會閱讀與書寫。得出清晰又有品質的影像，便是獲得超強記憶力的關鍵。

如前所述，情感最能帶動鮮明的畫面，以利於記憶的形成。舉例來說，某天你在假日高爾夫球賽中痛宰了好友，也好想立刻告訴所有人。當你打完第十八洞時，你十歲的女兒跑上前來祝賀，但她突然被蜜蜂螫到，幸好一旁有人會簡單的急救法，以解除她過敏發作所導致的氣喘。那麼，往後會想起這一天時，你會記得是贏了球賽還是女兒得救？但就連最鮮明的記憶都會受時間所摧殘，而大腦會有補償作用。正如我最喜愛的作家喬治．歐威爾所言：

一般來說，隨著時間推移、某個時期遠去，當時的記憶變會減弱。為了持續體驗到新事物，我們便得適時拋棄舊事物，以騰出心靈的空間。但有時，某項記憶在一段長時間後反而會變得更清晰，因為當事人有了新的眼光。他能聚焦在那件往事上，而不會把它與其他事情混為一談。

你應該關心自己的記憶力。只要你下定決心要提升並維護記憶力，就一定有機會保護自己遠離阿茲海默症的侵擾。關鍵在於你所付出的努力，而我將提供許多訓練法。記住，每天都要練習，過程不僅要有效率，也必須有趣且有挑戰性。我的目標是引起你的興趣、激發你的熱情，讓你發展自己的記憶技能。

再補充一點，當前沒有任何方式、也沒有人可以保證，你一定不會罹患阿茲海默症。

不過，在多年的臨床工作中，我發現記憶力超強的人極少患有阿茲海默症等退化性的腦部疾病。換言之，記憶力差不必然會發展成失智症，但記憶力好就有助於消除罹患這個疾病的疑慮。也就是說，增強各種記憶力只有好處，沒有壞處。

為了發展超強的記憶力，第一步是探究數世紀以來人們對它的觀念為何。人類何時開始關心這個問題，又用過哪些方法來增強記憶力。而相關的理論依據為何？如今是否依然有效？

為了回答這些問題，我們先來回顧兩百年來的歷史，看看思想家們針對記憶提出哪些研究和論點。

CHAPTER

2

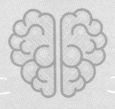

歷史上的
記憶理論與方法

THE COMPLETE GUIDE TO

MEMORY

空間記憶法

現今用來增強記憶力的原則，都可以追溯到上千年以前。許多智者都投入這方面的研究，當然我們沒有必要一一學習，只要理解當中共通的原理和方法，就能加強記憶力。

對古人來說，記憶不但能儲存往事，還可以用來培養創造性思維。只要在大腦中建構有結構與秩序的記憶，就能形成新思想以及有創意的聯想。

中世紀神學家聖奧古斯丁談到記憶力時寫道：「感官所感知到的或是心靈能設想到的事物，都會變成無數的珍貴畫面，並珍藏在巨大的記憶儲存空間。藉由思考，我們就能強化或減弱感官所帶來的訊息，或是改造、修飾它們，接著收納到心靈中。在巨大的記憶空間裡，天空、大地和大海，以及我所感受到的一切，皆可使用。」

希臘人最早開始設計強化記憶的技巧。

對此，當今最重要的考古發現，可追溯到西元前五世紀詩人西蒙尼德斯（Simonides）的遭遇。他在宴會上表演到一半，被人叫到外面，結果宴會廳就坍塌了。西蒙尼德斯逃過一劫後，運用其記憶力，想起每個賓客所坐的位置，於是識別出死者的身分。據說，他還記得這些賓客的穿著以及鮮明的特徵。這項非凡的能力便代表一種記憶法，羅馬演說家西塞羅精闢地說道：

想要訓練記憶力，就要仔細觀察當下的空間，正如西蒙尼德斯記住宴會廳裡的座位以及賓客的身分。而你想要記住的東西，要在心裡形成畫面。

西蒙尼德斯回想賓客坐在位子上的畫面，用座位的方位去記住每個人的特徵。這套記憶法的關鍵在於：在心裡形成畫面，並依序分類。

古老的圖像記憶法

希臘人對記憶力的另一項洞見可追溯至亞里斯多德的《論靈魂》（*De Anima*）。他強調，感官訊息在進入心靈時，會轉變成精心設計過的心像（mental image）。對亞里斯多德來說，心像的形成就好像圖章戒指在熱蠟上留下圖形；某項記憶是否能形成，端賴於熱蠟（大腦）與圖章戒指（外在刺激）的各項條件。他說：

有些人因生病或年紀大了，就算接受大量的外界刺激，也無法產生任何記憶，就像印章無法蓋在流動的水面上。心靈無法留住任何印象，因為它已經受損或僵化，就像建築物的老舊牆壁一樣。基於這個原因，年幼與年老的人記憶力都很貧瘠；前者不斷在成長，後者則是不斷在衰退。

對亞里斯多德來說，透過想像力所形成的畫面是記憶的根基，也是思考力的基礎。事實上，亞里斯多德認為，沒有圖像就無法思考。「思維能力就是以心像為主」。每一段記憶都與過去發生的經驗連結起來，形成了每個人獨有的記憶網路。例如，在北方氣候下長大的人會將「白色」聯想到雪，但在其他地方生活的人便會聯想到「牛奶」。

亞里斯多德將思想與心像連結起來，這套理論造就了兩千多年來各種記憶法的發展（我們將在第三章接著討論）。記憶法的基礎在於刻意形成畫面並加以運用，比如說，想記住某事物的話，就將其連結到自己熟悉的地方（拉丁文為*loci*）。

因此，運用心像就是所有記憶法的共通原則，因為圖片比文字更容易記住。事實上，閱讀文字並非與生俱來的能力，因為大腦的構造不是如此。讀寫要有人教，但我們天生就能對外在的人事物形成心像。隨著埃及象形文字、腓尼基字母表以及古騰堡印刷的出現，人類的閱讀能力才逐漸有所長進。

畫面比文字更易於形成記憶，若要記住事情（尤其是人名），最簡單的方式便是將它們轉化為圖像，不過要有效的話，這個畫面絕對要清晰、可辨識。

依據西塞羅的論點：「想記住賓客的位置，光線要充足、座位要井然有序。現場的畫面要鮮明、清晰、獨特，心靈才能馬上吸收。」

數世紀以來，不少專家都研擬增強記憶力的步驟。十三世紀的辯論與修辭學專家達・西格諾（Boncompagno da Signa）任教於義大利的波隆那大學。他明確而有力地定義了何謂記憶：「大自然賦予人類如此光彩而美妙的禮物。透過記憶，我們回想過去、理解現在並思考未來。」八百年過去了，仍舊沒有人對記憶給出如此優雅又簡明的定義。

達・西格諾提出能強化記憶力的十二項特質：沉思、好學、好辯、愛討論、樂於對話、有好奇心、喜歡改變、有好習慣、樂於競爭、害怕被批評、渴望被讚美以及有追求卓越的野心。

達・西格諾更進一步提出，另外有五項心理行為會破壞記憶力：無謂的擔憂、貪得無饜、對親人的焦慮、酗酒以及暴食。

十二世紀後，僧侶製作的手抄書越來越多，有系統的記憶法就失去魅力了；既然翻書就可以查詢，那又何必要背下來呢？但到了十六世紀，在費奇諾（Marsilio Ficino）和德拉．米蘭多拉（Giovanni Pico della Mirandola）的努力下，記憶法又再次復甦。這兩位學者都是佛羅倫斯麥地奇家族的成員，並醉心於推動新柏拉圖主義。

新柏拉圖主義奠基於《赫密士文集》（*Corpus Hermeticum*），源自於古埃及先知赫密士．崔斯墨圖（Hermes Trismegistus）。根據費奇諾的說法，赫密士的想法非常有趣，因為他認為想像力可以改變心靈，就好像雕塑家在雕木刻石。舉例來說，崇高且振奮人心的畫面可提升心靈的品質，讓人獲得真正的智慧。而費奇諾和德拉．米蘭多拉的記憶法乃由宗教和神話概念所組成。

文藝復興時期的學者布魯諾（Giordano Bruno）也發明了一套著名系統性記憶法，在其著作《陰影》（*Shadows*）與《封印》（*Seals*）中，他提到了各種方法，既可與宇宙力量產生連結，還能重組自己的心靈。驚人的是，他的觀念與當代的神經細胞網路論非常相似。

卡米洛的記憶劇場

一五三二年，波隆那大學的教授卡米洛（Giulio Camillo），創造了一套獨特又強大系統性記憶法，他稱之為「記憶劇場」。這套系統在當時廣為人知，它是一座木製的記憶宮殿，形狀就像羅馬圓形劇場一樣。（讀者可上YouTube搜尋短片"Conceptism and Giulio Camillo's Theatre of Memory" by Mario Fallini。）

在卡米洛的劇院裡，觀察者（記憶法的實踐者）站在舞台上面對著環形座位。座位有七層，七個過道從上到下延伸，過道上分別有七扇門代表七顆行星；門上裝飾著卡巴拉信仰、赫密士主義和星球的圖案。

每個座位的底部都有抽屜，裡面有許多卡片，上面詳細說明了當時已知、有辦法獲知的一切事物。卡米洛寫道：「藉由位置和畫面，就可以將人類所有的概念和全世界的事物都收入心靈，並加以運用。」

卡米洛認為，培養記憶與智慧就如同在茂密的森林中行走。起初，你看不見整片森林，因為周圍的樹木太高了。但是，沿著斜坡向上爬，就能慢慢看到森林的輪廓。到達山頂時，便可以見到整片森林。卡米洛說：「樹木是低等世界，走上斜坡才能看到高級的天體世界。」

透過這個清楚的類比，我們可以了解到，記憶劇院能讓我們從低等世界通往靈性領域。卡米洛說：「為了理解下層世界，我們必須攀升到高等的位置，由上往下看，才能更加了解低等的事物。」

古典學者認為，卡米洛那個已失傳的木製記憶劇院，充滿文藝復興時代的色彩。他生動地描繪了心靈的特徵，而人類與神性交流後，就能進入神聖的世界。卡米洛和他的追隨者相信，人類擁有神性的力量，透過記憶，就能連結日常與神聖這兩個世界，而最終心靈可以獲得嶄新的力量。

在這個過程中，跟宗教有關的諸多畫面會深深地刻印在我們的心智上。人們會將這個印記帶回日常生活中，透過記憶的力量，外在事物在精神上會統一起來。英國歷史學家法蘭西絲．葉茨（Francis Yates）研究了各個時代的記憶法，如她所言：「在卡米洛劇場中，觀察者看到那些畫面，便能一目瞭然地掌握宇宙的全貌。」

請注意，迄今為止討論到的增強記憶法，都強調了「專注」和「重複」的重要性。根據公元前四世紀流傳下來的文章：「集中注意力、引導你的心智，你的判斷力就會更好，更能理解在其中遊走的各項事物。」後來，聖奧古斯丁將記憶稱為「心智的胃」（venter animi）。兩相對照後，聖奧古斯丁認為，反覆閱讀可以增加記憶力，正如牧場裡的母牛在反芻食物。讀者在思考書本的內容時，大聲讀出來，就有助於「消化」它們。

相較於無意識的動作，聚焦、專注的行為比較能誘發創意和想像力，進而發明新事物。但是，在你自食其力產出原創性的事物前，必須先掌握歷來思想家的精髓，將他們的文字轉化成你的記憶。國際記憶學權威卡魯特斯（Mary Carruthers）表示：「自古以來，大家就把記憶法當成查詢工具，讓我們調出回憶並加以運用，進而形成所謂的創造性思維。因此，鍛鍊記憶就能發明新事物，並且挖掘與重構過去所知道的事物。」

強烈、帶有情感的事情才記得住

至於要如何形成心像，十四世紀的坎特伯雷大主教托馬斯・布拉德華（Thomas Bradwardine）有一些具體的方法。他說「奇妙、強烈的畫面令人印象深刻，比較容易進入心靈，也易於留存而形成記憶。」這些都不是平淡的小事，而是有極端性質的事物，包括美麗、醜陋、喜悅、悲傷、值得尊敬、應受嘲諷、高尚或卑賤等。」。換言之，為了記住這些畫面，最好加上一些戲劇性或誇飾的元素。

認真思考一下自己的回憶，就會發現布拉德華的論點正確無誤。我們較容易記住的，就是在當時激起情感的事件。因此，我們會忘記昨天午餐吃了什麼，但會清楚記得開車去約會時差點出車禍。修辭學家帕伯里修斯（Jacobus Publicius）在一四七五年出版的《記憶藝術》（*Art of Memory*）中寫道：「極端而異常的事物更能觸動人類的感官和心靈。偉大、難以置信、沒見識過、聞所未聞、嶄新、罕見、可悲、特殊、不雅、獨特或美麗的事物，才能傳達出大量的訊息，以充實我們的心靈和記憶。」

數世紀以來，有一些建築物成為記憶的象徵物。《中世紀記憶術》（*The Medieval Craft of Memory*）的作者、英國文學教授卡拉瑟斯（Mary Carruthers）寫道：「古代作家在談到記憶時，最為讚揚的建築類型就是羅馬上層階級所住的宅邸，但後來被《聖經》中出現的神聖結構所取代，如諾亞方舟、猶太會幕、天國之城、宇宙等。」

希臘的修辭學專家特羅多魯斯（Metrodorus of Scepsis）以占星術為基礎設計了一套記憶系統。在這個黃道帶上有十二個星座，每個星座再以十度為準，細分為三個相等的部分，以當作記憶的區位。每個十度區內又有十個圖像記號，這樣就有三百六十個區位。

這個黃道帶便是增強記憶力的輔助工具。

羅馬的教育家昆體良（Quintilan）說到，麥特羅多魯斯「在太陽移動的十二個方位找到了三百六十個位置」。所有區位都是按數字順序排列的，所以非常方便查詢。在這樣的框架下，麥特羅多魯斯記得住大量的訊息，並展現超強的記憶力。

走筆至此，也許有讀者已經吃不消了，覺得談歷史實在太沉重了。確實如此，但透過這些神話和思想，可以看見前人對於記憶力的重視。我會在後面談到，這些古老而令人讚賞的系統和信念已深入人心，成為當代記憶法的基本原則。

用誇張的畫面來增加印象

接下來，讓我來分享自己實驗某個中世紀記憶法的成果。到了第三章，我也會教你用簡單的方法建構自己的記憶系統。這套方法在後面章節會有更詳細的解說。

首先，隨機選出五個名詞，並形成心像。

接著把它們投射在你所選出的五個熟悉之處，比如家中的某件傢俱。然後在心裡想像這熟悉的地方以及那個事物。成功的話，你就能在心裡到處移動，看到那五個事物出現在你在心中想要擺放的位置（loci）。

練習時，我隨機地選了下列這五個名詞：種子、敵人、火車、雜耍藝人和手錶。接著，我從自己的診所選出了五個記憶地點：診間的辦公桌、候診室、通往外門的大廳、大樓入口以及診所正對面的博物館。

為了記住這些字詞，我想像出一些戲劇性又震撼的畫面，以加強印象。我想像著一顆巨大的「種子」坐在辦公桌上，其頂端延伸到天花板。走到候診室時，我遇到了一個持刀的「敵人」，我拔腿就跑，躲進大廳，接著發現有一列紅色「火車」停在外門前。打開外門後，我在大樓入口處遇到了穿著紫色戲服的「雜耍藝人」。當我看向馬路對面的博物館時，發現那座建築變成了一只巨大的「手錶」。

記住了這五個名詞後，接著在腦袋裡回溯剛才經過的地方，便會出現那些奇怪又不可思議的畫面。

現在，換你選出五個字詞，接著挑出五個你熟悉的記憶地點，並在心裡面想像一些戲劇性又不尋常的畫面來做連結。根據你的成長背景、生活經驗和熟悉的場景，想像出有助於記住字詞的影像。下一章我會提出更多的資訊，但我們先來思考一個關鍵問題，記憶力何時從一門學習法演變為科學？

死背有用嗎？

關於記憶的科學實驗，要從一位留著大鬍子、內向害羞、四處奔波的教授埃賓豪斯（Hermann Ebbinghaus）談起。他的研究主題是記憶如何形成以及消失。以前研究記憶的都是思想家或哲學家，但埃賓豪斯比較像是現今所謂的實驗心理學家。也就是說，相關研究不再只是出於臆測，而是有更堅實的科學基礎。

在埃賓豪斯的那個年代（十九世紀中期），學者大多將重點擺在填鴨式教育法，也就是重複死背、直到能記下內容，例如背誦九九乘法表、熟記各國地理等。死記硬背的學習法直到二十世紀還很流行，許多人小時候都被迫記下許多自己也不太了解的知識。

今日，我們已不太提倡填鴨式教育法，不再像鸚鵡一樣複誦他人的話。因此，有些小學生除了自己國家的首都以外，也說不出他國的重要城市（有時甚至連自己國家的地理都不知道）。但既然生活在十九世紀，埃賓豪斯自然而然就用死記硬背法來進行實驗。

在路易斯．卡羅的《愛麗絲夢遊仙境》中，有許多無意義的韻句和韻文。受到這本書的啟發，埃賓豪斯便打算三個毫無關聯也不押韻的字母組成文字。每個字都依序由「子音、母音、子音」組成，埃賓豪斯稱之為CVC（Consonant-Vowel-Consonant），但前後兩個子音必須是不一樣的字母（例如TAC就可以，但TAT則不行），而且組起來不能有任何意義（例如TIP〔小費〕或COT〔嬰兒床〕就不行）。幾個月後，埃賓豪斯建立了兩千三百個CVC字，在節拍器的節奏下，他開始一一背誦並寫在筆記本上。

對於一般人來說，這種練習耗時、繁瑣又無聊。但他因此發現了兩個關鍵事實：

遺忘曲線（**forgetting curve**）：記憶形成後，其鮮明度在前二十分鐘會急劇下降，四十分後會再減弱，一天後就會趨於平穩。如果你在幾個月後仍記得某件事，那永遠都不會忘掉了。

學習曲線（**learning curve**）：學習新資訊的速度與過程，這也會照著一個模式發展。

為了記住這兩千三百個CVC，埃賓豪斯的方法是，他先大聲朗讀了二十個CVC給自己聽，接著冷靜一下，然後默寫剛剛背下的字詞。檢查遺漏之處後，他再次大聲朗讀並默寫，等到準確記住這二十個毫無意義的字詞後，再進行下一組。

埃賓豪斯的實驗顯示出記憶形成的關鍵過程：學習、擱置、測試……然後再重來一遍。在最初的幾天裡，記憶保留率迅速下降，然後以較慢的速度逐漸下滑。重新學習的間隔若縮短，則可以保留將近百分之百的記憶內容，但休息時間拉長到四天的話，保留率會降至百分之二十五。也就是說，練習的時間越多、越認真，記下的事情就會更多。

耐人尋味的是，埃賓豪斯發現，每次他要背新的一組CVC時，只要當中有一個先前看過的，他都可以正確地辨識出來。不過，若有人單獨挑出這個字，問他是否看過，他反而無法肯定回答。相較於自主回憶（free recall memory），識別性記憶（identification memory）的確更有優勢。因此，只要有人提供清楚有限的選項，我們就更有機會找出正確的答案。但遇到開放式問題，我們就比較難自發性地想出答案。如前所述，這就是選擇題的原理，在各大考試中都很常見。

埃賓豪斯發現，他無法有意識地想起的字，其實在潛意識中記住了；日後的心理學家稱此過程為促發（priming）。研究人員找來受試者，給他看單字的某部分（WA＿、BA＿），請他用當下想到的字填寫空白處。大多數的人們會常見的字詞（如Water〔水〕、Barn〔穀倉〕）。但如果讓受試者先閱讀一份以字母WA與BA作為開頭的清單，他們就會使用上面的字詞去填空（如Wasp〔黃蜂〕、Bank〔銀行〕）。即便這些受試者不記得自己在清單上有看過這些字，還是會不自主地寫出來。對於這種無意識的記憶，心理學家稱為內隱知識（tacit knowledge），而且每個人都有。換句話說，我們所知道的比能說出來的多更多。

從埃賓豪斯的個人經驗與促發實驗，我們得以區分「記得」和「知道」的區別。

有時，我們會在路上遇到某人，並覺得對方看起來很眼熟。但我們無法準確地說出他是誰，也想不起來第一次見到他的情境。為了喚起記憶，你跟這個模糊又熟悉的人開始談話，希望能找到一些具體的資訊。你對這個人的熟悉感是來自過去的某段記憶，只是你當下無法喚起。然而，這種「知道」的感覺是不夠的，要「記得」這個人，就需要更多的線索。

明明知道但卻不太記得，也就是現代人所謂的「舌尖現象」。我們都曾在某個時刻快想起來，但卻無法完整說出某人或某項東西的名字。這問題是因為當初儲存的記憶不夠完整。你知道答案，但要表達時卻無法觸及到它。只要收集更多資訊，並連結到我們先前建立的記憶，就能將模糊、難解的印象轉化為明確的資訊。埃賓豪斯將此過程描述為「儲蓄」，也就在潛意識中保留資訊，即便我們無法完全意識到它們的存在。

例如，埃賓豪斯在背完一份字詞清單後，就不會再去碰它，直到他完全忘記時，才會再拿起清單溫習。他發現，第二次背的時間變短了，這顯示出「儲蓄」的效用。第一次背誦時「帶有明顯的自發性，但沒有刻意去思考」；第二次背誦時則透過意志力喚起記憶。因此，非自主的記憶存下來後，就可以憑意志力去提取。

埃賓豪斯發現，死記硬背、一遍又一遍地複誦，這種方法效果有限，過程難熬又很容易失敗，不管對無意義的音節或是有意義的文字都一樣。回想一下以前在課堂上背一首詩的過程；如果你忘記其中一行，就只能從那一段甚至從頭開始背，希望那些字會自動浮現在腦海裡。你大概猜想，自己對這些文字的記憶藏在大腦潛意識的某處，雖然無法觸及，但會自動浮現。不過這種狀況很常出現，顯示死記硬背的效果有限又狹隘，而且提取的管道只有一種。

從埃賓豪斯突破性的實驗中可看出，大腦的設計不是用來死記硬背，所以用蠻勁去記住事情非常難。相反地，大腦是使用聯想記憶法（associative memory）來運作。也就是說，大腦是透過各項事物的關聯性來產生連結，這比死記硬背更有彈性和創造性。例如在聊天時，你突然想不起某個特定的詞來描述你的想法，而且再怎麼用力想也沒用，但如你能聯想到另一個意思相近的詞，就比較有機會喚起記憶力。

大腦如何形成長期記憶

反覆背誦在短時間內有一定的效果，但這不能有效地將短期記憶變為長期記憶。舉例來說，你想撥打電視畫面上的購物專線，但手機在廚房，所以你離開位子，心裡不斷地默念那組號碼。這種方法的效果其實還不錯，但你幾分鐘之後就會忘記。

短期記憶是大腦裡面保留、儲存資訊的地方，而且能立即使用，但很快就會消失。但在我們討論長期記憶前，先來檢視記憶形成的過程。

首先，我們想記下某個人事物，例如美國總統小羅斯福。

第一次接觸到這個訊息時，大腦會在海馬迴內對其編碼；海馬迴在顳葉中，透過腦穹窿連結到乳頭體和底視丘。基底前腦位於大腦前方的底部，也連結到腦穹窿。杏仁核在海馬迴的後方，它會對某段記憶賦予情感，以增強它的穩固性。透過各種難題來鍛鍊記憶力，就會加強大腦迴路與這些結構的連結。

小羅斯福的相關資訊被編碼後會儲存在海馬迴，並透過聯絡纖維傳送到大腦的其他部位。

談到聯絡纖維的連結時，科學家稱之為「神經網路」。

外在刺激進入大腦時，會產生一條電流，接著出現電化學訊號，以一級方程式賽車的速度沿著神經元的外延（即軸突）傳遞出去。而這道電脈衝傳到下個神經元的過程如下：大腦會從第一個神經元（即突觸前神經元）釋放化學物質到超微小的突觸間隙，並透過轉運體送達第二個神經元（即突觸後神經元），並啟動後者的運作。

接著，大腦會重覆操作這個過程，並評估要多少個神經元才能形成該項記憶，電脈衝於是從第三個神經元一路傳遞下去。

大腦所形成的晶格狀網路，世上每個人都不同，因為大家都是以不同的方式去體驗世界，所以由神經網路組成的記憶都有差異。這現象就像是精緻而複雜的黃金雕刻，只不過神經網路的物質不像黃金那樣永久，而較像閃電的亮光一樣會消失不見。神經網路在我們的一生中會持續變化，所以記憶每天會以微妙的方式在改變。有時我們會想起某段往事，但只要注意力轉移，那個回憶又會消失，神經網路的電化學狀態就會改變了。

長期記憶儲存在大腦皮質的特定區域中。你對小羅斯福這個名字的記憶包含發音與文字，主要是儲存且運作於左顳葉的聯合區域裡。小羅斯福用動人心弦的聲音去敦促美國同胞英勇奮戰，如果你對演講的內容感到認同，這份感覺會儲存在右顳葉裡。你對小羅斯福的感覺和記憶，涉及到不同的大腦區塊，它們必須共同運作，才能消化你學習到的事蹟以及評論。這類記憶稱為陳述性記憶（declarative memory），包括可以陳述出來的知識。如果有人問你小羅斯福的生平，你就可以根據長期儲存的記憶來回答。

記憶的各個組成要素被分配到大腦上方皮質的不同區域（光線被分配到視覺皮質、聲音被分配到聽覺皮質等）。這些組成要素不會單獨運作，而是透過各中心組成的網路相互連結。額葉尤為重要，它是大腦前線和中線結構的一部分，對此我們會在第三章深入探究。

記憶迴路的構造若損壞或故障，將會導致記憶障礙，若涉及海馬迴，那麼大腦便無法對要記住的事情編碼。我們將在第五章中說明記憶構造損壞時所造成的影響。

現代神經科學家發現，與記憶有關聯的東西，包括日常中所接觸到的名字、事物和形相，都涉及特定的大腦構造，並透過大腦迴路連結在一起。

形成記憶的三道程序

自從埃賓豪斯的怪異實驗以來，人類對記憶的看法就不斷在轉變。我們現在知道，記憶力取決於關聯性，而不是硬記下個別的字詞。字詞放在上下文中，與其他字詞有關聯，才能留在記憶中，供日後檢索。因此，要增強記憶力，就是多多運用大腦的聯想力。

要形成、保留和提取記憶，就要有三個程序：（1）多重編碼（2）組織（3）聯想，它們相輔相成。

多重編碼（multi coding）

想像自己正在品嚐咖啡，包括拿起杯子以及聞到它令人愉悅的香氣，還有它流過味蕾時的風味。我們可以描述喝咖啡的經驗（比如說出它是濃縮咖啡），也可以回味或想像那種體驗（香氣、口感）。大多數的專有名詞都有這種特性。所以我們能描述和想像「椅子很好坐」與「筆記本很好翻」。

對於某件事物，用上的感官越多（即多重模態編碼〔multi-modal-coding〕），該記憶就越持久，因為大腦會有更多區域一同運作。說出你想記住的字，便可啟動大腦左半球的語言中心。實際觸摸、聽到、聞到、品嚐某物體時，想像它的觸感、聲音、味道，也會啟動大腦各區域來調和這些感覺。因此，想像一杯讓人舒心的咖啡，那麼你所運用到的大腦區域，就如同實際在喝它。

不過有些字詞只能描述，但無法連帶產生畫面、味覺或嗅覺，比如「知識論」。所以我們難以記住一些術語，這時最好發揮想像力，為它們創造出一些涉及到感官的連結。

將抽象概念轉化為生動的影像，彷彿是有形體的真實物件，這樣才能增強記憶。舉例來說，你想記住出門要帶車鑰匙，就試著在腦海中想像它的樣子、感受它的重量以及插入孔洞啟動汽車的感覺；用想像力就好了。義大利哲學家法比雅尼（Paolo Fabiani）說過：「發揮想像力調整物件的樣子，就越能記住它。」如前文所述，比起硬要記下真實物件的樣子，不如運用想像力，變出一些異想天開、不尋常甚至令人不快的畫面，就能有效地喚起記憶。

那麼，要如何記下「知識論」這個字呢？想像一下愛因斯坦拿著一杯咖啡，正在讀《知識論》，其作者努力要區分合理的信念與一般的意見（這便是知識論的主題）。想像世上最偉大的科學家正在閱讀這本書，那你應該更能記住知識論的意思；而咖啡的氣味提升你的精神和專注度，這樣你才能跟愛因斯坦一樣深思知識論這樣沉重的主題。總之，運用想像力，找出能夠凸顯某事物的畫面，便可增強對它的記憶。

組織

缺乏這道程序的話，我們就無法成功地形成記憶。大腦在結構上就是要伴隨著意義才能運作。如果現實的意義不明確，我們就會自行創造出一些（所以世上才有那麼多陰謀論）。要長期記住一堆毫無關聯的事情，我們就得設法組織它們，而最簡單的方法，就是把準備要記住的事情連結到已知的東西。因此，組織的意思就是建立架構，將隨機的訊息轉化為有意義的事物，使其更易於記憶。

例如，我昨天把車子停在立體停車場的三五一號停車位，但離開時我忘記停在哪裡了。這真是自作孽，令人疲憊的惡夢出現了。我沿著無窮無盡的停車場要找出自己的車子，走到大腿都在顫抖。那麼，如何記住自己的停車位呢？可以用諧音字來記：「三」同「三」、「五」同「舞」、「一」同「衣」。於我想像出一個畫面：「三套舞者的衣服」。很簡單吧！

聯想

最後把上述兩套程序綜合起來，就是聯想。要找出不同事件的關聯性，你得集中注意力，而這兩種大腦活動能增強記憶力。

追蹤你的想法

另一種聯想法涉及到「追蹤想法」。在白天清醒的時段，腦袋需要思考各種現實的事務，這時就會用到工作記憶（working memory），也就是在心智空間中運用短期記憶。

為了理解這個狀態，你可以做個小實驗。請朋友設定鬧鐘，時間在六個小時內的某個時間，但不要告訴你是何時。唯一的條件是，當鬧鐘響起時，你必須是醒著的，而且沒在工作，也沒有在處理其他事務或做家事。

在鬧鐘響起的那一刻，請仔細留意自己正在想的事情。接著再想想，鬧鐘響起前你正在想什麼，然後繼續往回追溯，看看這些想法是如何接續下去的；但不要猜測、也不要編造。事實上，這些想法都是來自於未經修改的工作記憶。一開始，你能回推的想法應該只有三、四個，但透過練習，就能追溯出十幾個有關聯的念頭。這項練習是為了提升你的臨界點、觀察力、統整力、創造力和溝通力，並找出你的思考模式。你可以從任何時間點開始推想，往後或往前都可以。你甚至可以憑空創造出一連串有關聯的想法。

對此，十九世紀的心理學家威廉·詹姆斯描述道：「不管你從哪個想法開始，都能追溯前後出現的想法……從你意識中出現的內容開始推想。」

還有另外一種追蹤法，就是串連起毫無關聯的事件、主題或物品，然後寫下來。接下來的這段文字，是我在翻閱一本雜誌十五分鐘後所產生的想法，而我設法將其連結起來。我在雜誌上挑了兩張照片，一張是墨鏡，另一張是口紅，是彼此毫無關聯的廣告。以下是我的即興創作：

墨鏡是用來保護眼睛，免受刺眼的陽光所傷；而口紅可以保護嘴部免於乾燥，這也是暴露在陽光下的問題。這兩種產品都是化學工業的先進產物，當中所包含的聚苯乙烯和氣溶膠，也用在除臭劑和刮鬍膏。這些產品的大量生產導致臭氧層被破壞，而人體過度暴露在陽光下，就會罹患續發性白內障和唇癌。但聚苯乙烯也可用來製造底片，因此我才能在雜誌上看到墨鏡和口紅的照片。戴上墨鏡，有時是為了創造風格、形象或魅力，正如時尚雜誌總編輯安娜・溫圖（Anna Wintour）那樣。雖然墨鏡不是為此而設計，但大眾都喜歡把它當成外出的配件，從而減少暴露在陽光下而罹癌的風險。

墨鏡也會帶來可怕的聯想。黑手黨成員總是戴著墨鏡；前烏干達總統伊迪・阿敏還戴反光墨鏡，所以被他殘害的人民都會從鏡片上看到自己恐懼的表情。這兩者都讓我聯想到死亡，而他們配戴的深色眼鏡就是冥王黑帝斯的象徵。

shade是指遮陽篷，而複數shades就是墨鏡的非正式說法。前者也是指相機的遮光罩，使攝影師能拍攝出我正在看的這兩張照片。

隨機挑選兩個項目，然後嘗試這種聯想法。大家應該都能創作出獨特的小短文，因為每個人的想法和生活經歷都不同。我對於墨鏡和口紅的聯想，是受到我的科學和醫學背景所影響。如果你是人文學科畢業的，那大概不會在第一時間想到聚苯乙烯、臭氧層和癌症，而是想到它們的文化、歷史或藝術面。

心智圖：將概念連連看

記憶專家東尼．博贊（Tony Buzan）提出了更具體的聯想步驟。

首先，在空白紙上畫一個圓圈，並填入一個字詞。接著以它為起點，往外畫出其他圓圈，並寫下你聯想到的相關字詞或畫面。它們都來自你大腦中的聯想網路和記憶庫。努力增加你聯想到的概念，你就能建構出這個字的心智圖（mind map），此後你就能更順利地回想起它。

在某次心智圖的實驗中，第一組參與者拿到了「狗—骨頭—m」這個線索；第二組參與者則拿到「賭徒—骨頭—m」。研究人員想瞭解，哪一組人會先得出「肉」（meat）這個答案。結果是第一組，因為「狗」啟動了他們的記憶連結。博贊在他的著作中寫道：

「透過某些啟動程序，記憶力才會發揮作用。心智圖中有各種連結，讓人想起許多字詞。」這也就是亞里斯多德所描述的聯想力；而他最早提出「記憶乃奠基於關聯性」。例如，當我說「高」，你可能會馬上聯想到「低」。在大多數人的腦海中，還會想到「熱和冷」、「乾和濕」。

亞里斯多德認為，聯想乃基於三個原則。首先，某兩件事常常發生在自己身上，我們就會認為它們有關係。其次，若在相同時間或地點發生，我們也會將其歸類為彼此的事。第三，如果兩件事物有相似性，就很容易聯想起來。

幾個世紀後，亞里斯多德的想法得到了心理學家和神經科學家的支持。可惜的是，他在有生之年並不知道思想連結與神經元網路的關係。只要學到新資訊，這些網路就會一同運作；每當我們回憶起某件事情時，就會啟動與其相關的神經元網路。只要常常回憶，這些連結就會更加緊密。某些記憶很牢固（例如自己的名字、住家地址和兄弟姊妹的長相），所以成為自我認同的組成要素。

應用心智圖來回想某個名字或字詞時，一開始主畫面是空白的，但與它有關的連結會一一跳進你的腦海。比如說，你在何地或何時遇到那個人，你們有哪些共同認識的人

（雖然你想不起他的名字）？你會意外地發現，不需要寫下許多連結，那個名字就會從「無意識的記憶」中浮現出來。

這裡有個簡短的問答，教你想起暫時忘掉的字詞。首先畫一個圓圈，中心保留空白。接下來我會提供給你一些連結點，引導你去猜測答案為何。從空白圓圈畫出的第一個連結點是「醫學術語」，然後由此再分出「傳染病」。第三個連結點是「歷史名詞」，它是從第一個連結點分出來的。第四個連結點「瘟疫」則一同連到「醫學術語」和「歷史名詞」。

然後再畫出最後一個連結點「強制區分病人與健康者」，它同時連到「歷史名詞」和「瘟疫」。現在盯著它看十五秒，然後想想看答案是什麼。

從這兩年大家面對新冠肺炎的經驗來看，答案太明顯了。在這項練習中，我是唯一知道這個答案的人，就像你潛在記憶的協調者一樣，透過心智圖，讓你從相關的連結點找出答案：「隔離」。

心智圖可以有效增強記憶力，以下是另一個例子，用在我之前發表過的文章中。我在撰寫那篇文章時，用這張心智圖將當時想到的概念連結起來，以此來引導自己的思維：

鋼琴家顧爾德、錄音室、音樂、情感記憶、科技、重構現實、想像、影片、婚禮、恭賀。

這些連結點都是隨機想到的，彼此間沒有高低位階之分。透過這張心智圖，我寫了以下短文：

在最近的一次婚禮派對上，我發現舞台上沒有樂團，而是只有一名DJ。他巧妙地操作器材，將揚聲器、麥克風、黑膠唱片、CD和錄音帶整合起來。「太失望了！」我心裡想著，因為我很期待看到婚禮樂團的現場演出，所以相當惱火。但過了一個小時後，婚禮派對上的所有賓客，包括我自己，都在舞池裡狂熱地隨著電子音樂擺動身軀。一般來說，只有名列《財富》五百大的有錢人，才有辦法請來知名搖滾樂團，在兒女的喜宴上演唱我那天聽到的歌曲。

第二天早上，在巡視完患者後，我決定在喬治城大學醫院的小教堂停頓片刻。我聽到聖潔的吟誦聲，但現場卻沒有僧侶；立體揚聲系統已取代了真人歌唱。然而我問自己，如果僧侶真的在現場，又有哪些不同？

哪一個較為真實：現場表演（搖滾樂隊、僧侶），還是錄音？音訊和影片技術太先進了，實在很難分得清。舉例來說，我們都會殷切地僱用攝影師來錄製婚禮、畢業典禮和各種週年紀念日。隨著歲月的流逝，這些錄音與錄影反而更真實，而自己當時參加活動的記憶卻逐漸模糊。

我們不斷遺忘往事，最終只能從影片中去回憶起婚宴或畢業典禮的實況。

仔細回想，參加音樂會與聆聽昂貴的立體聲揚聲系統，哪個聽覺的體驗更真實？鋼琴家顧爾德在晚年放棄了現場表演，只專注於在錄音室錄製唱片。對他來說，這種體驗更為真實，更接近作曲家創作時的情境。

今日我們用高科技製作的音訊和影片，精確度與真實度越來越高，甚至還優於現場的表演。如果我在小教堂裡閉上眼睛，也會相信僧侶在某處完美而和諧地吟誦著。（由此可知，我當天聽到的聖歌唱片，比大多數僧侶團體的表現要好得多。）如果我們對於真實的衡量標準是基於「主觀感覺」，那麼這張唱片與揚聲系統就成功了：在陰鬱但愉悅的內省心情裡，我感受到了寧靜與安詳。

「真實」其實是可變動的，會依我們當下的期待去調整。例如，若要回想童年時獲得的聖誕禮物，我不會依收到的順序去想，而是挑出目前對自己最有情感意義的物品。我還記得父母送過我小狗和腳踏車，但其他的禮物對現在的我來說沒有情感價值，已遺失在回憶的迷霧中。

人類挑選、重構過往經歷的能力，正受到3C產品的威脅。但我過了無數個聖誕節，真正發生的一切，絕對不限於收錄在影片裡的聲音與畫面。我的聖誕節回憶，一方面是基於當時的經歷，另一方面則是基於它們在神經元網路中的重整；而隨著時間流逝，兩者會微妙地交替變化。過去，就像現在和未來一樣，是流動的，會根據我們此刻的心情與焦點而變化。

狀態意識（situational awareness）

美國的海豹突擊隊等作戰部隊都會練習狀態意識。隊員必須記住自己身處的房間中門窗的位置等相關細節，以便在遭受敵人攻擊時快速逃跑。

下次在餐廳用餐時，你可以閉上眼睛幾秒鐘，回想坐在你周邊的人的方位跟順序。

大多數人第一次練習時都會失敗，所以要學著多留意周遭的人事物，就像探照燈一樣掃描四方。多多練習，你的記憶內容就會又廣又有深度。在某段時間裡，你會看到更多東西、記住更多的人事物。

德國心理學教授馬克·威特曼（Mark Wittmann）表示：「多關注周圍所發生的事情，當下就能獲得更多體驗，記住的事情也會更多。」

除了記住外在事物，狀態意識也可以用來探索內心世界。這就是創意寫作的目的。為了講求臨場感，作家會把平常遇到的人放入自己創作的故事中。心理治療師在受訓時，也使用了類似的方法，稱為「自我分析」。史上第一位從事自我分析的患者不是別人，正是佛洛伊德。他透過狀態意識等聯想法去追蹤自己的念頭，以分析自己的潛意識。

在下一章，我們將會分析「記憶」這個傘式術語（umbrella term），拆解它底下包含的其他術語。

CHAPTER

3

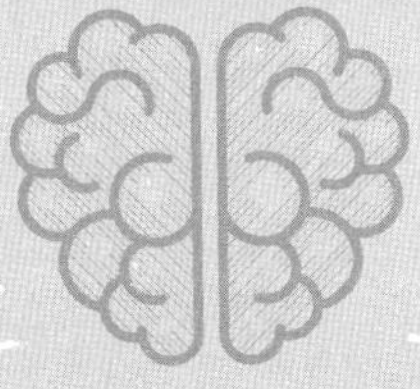

五大記憶類型
短期、長期、工作、程序與未來

THE COMPLETE GUIDE TO

MEMORY

人生從形成記憶開始，也從記憶的瓦解結束

記憶、知識和經歷構成了我們的身分認同。失去記憶的話，個人認同就會發生變化或完全消失。「記憶就是那個人的一切。記憶就是身分。就是你。」小說家史蒂芬・金在《魔島》中如此寫道。

個人身分植根於自身的經歷，記住的往事越多，自我感覺就越豐富。因此，記憶力喪失是阿茲海默症最令人痛苦的一環。記憶力漸漸衰竭，不僅破壞了回憶，還破壞了一個人的身分認同。

你之所以為你，究竟是基於哪些元素？幾個世紀以來，哲學家一直在辯論這個難題。在十七世紀，約翰・洛克（John Locke）用記憶內容來定義身分。他指出，回憶提供了一條線索，連結起我們的過去和現在。大多數人都會以當下的模樣去確認今天的存在感（也就是自我感覺），而它與我們昨天所感知到的自己無從區分。但若回溯遙遠的過去，這種自我感覺的連續性就會變得脆弱、甚至完全消失。

美國哲學家帕菲特（Derek Parfit）認為，記憶就像鍊條一樣，連結自己的過去與現在，而你之所以是「你」，乃是奠基於生活經驗的串連。而且，在你內省、形塑自我認同

的過程中，這些經驗會接合得更緊密。

因此，記憶乃個人身分的基礎。在後面我們會繼續探討，如果記憶消失或發生重大變化，自我感覺會受到哪些影響。

你最早的記憶是什麼？你能回溯到多久以前的事情，那段記憶有多清晰？大多數人都記不得兩三歲以前的事情。為了解釋這種情況，佛洛伊德提出一個概念：壓抑。也就是說，潛意識壓下那些回憶，不讓它們進入意識中。今天，神經科學家提出了更令人滿意的解釋。我們不記得兩三歲以前的事情，是因為負責情節記憶（episodic memory）的大腦結構尚未發展完成。基本上，在大腦發育的早期階段，我們記不起任何事情，因為那時候還沒有自我意識。

記憶和身分認同就像一對舞者，會隨著時間的音樂搖擺。在兩歲之前，嬰兒沒有自我認同，無法在鏡子裡認出自己。一年後，他們會看著鏡子，伸手去觸摸心理學家塗在他們臉上的小點。在這個階段，幼童已經知道，鏡子裡出現的不是別人，而是他自己。

到了五歲左右，所有記憶系統都上線並正常運作了。前額葉皮質和海馬迴比較晚熟，之後情節記憶、語意記憶（semantic knowledge）會與語言能力一起出現。學會使用語言後，幼童的自我認同感會再次提升。在語言的幫助下，記憶慢慢在幼童的大腦中累積起來；自我認同和記憶一絲絲地交織成一片精美的掛毯。

學會字詞後，幼童就能接續形成概念、認同和記憶。

情節記憶和語意記憶都儲存在大腦皮質，而後者會與海馬迴雙向傳遞訊息。在人的一生中，海馬迴跟皮質的記憶中心會共同運作，彼此不斷地在「呼叫和回應」。想起大學畢業典禮時，神經脈衝會從海馬迴進入位於皮質的記憶中心（儲存了畫面、聲音、意見等）。之後，這些儲存資料再被送回海馬迴中組成情節記憶，以重現畢業典禮。

自我認同、語言和記憶在現在、過去和未來之間建立了許多連結點。但諷刺的是，生命是如此殘酷，到了盡頭時，這三位一體的傳遞管道會一一瓦解，逐步回到人生頭五年的狀態。阿茲海默症的初始徵兆是失語，接著是喪失概念、無法認出他人。在這可怕疾病的結尾到來時，患者會認不出他自己。

幸運的「七」

記憶有不同類型，就好像狗狗和汽車一樣：貴賓犬與大丹犬、勞斯萊斯與豐田汽車。它們彼此有相似處，但也有顯著的差異。

記憶可以區分為短期記憶和長期記憶。在幾秒鐘內記住剛剛看到、聽到、嘗過、感覺到的東西，便是短暫的感官記憶。除非刻意保留轉瞬即逝的印象，否則短期記憶會迅速消失。正如巧克力冰淇淋的美味會儲存在記憶中幾秒鐘。

總而言之，透過主動而重複的行為能形成短期記憶。你想打電話給某人，但手機在樓上的房間，所以在上樓的過程中你得不斷複誦電話號碼。如果這時有任何事情打斷你，比如街上有車在按喇叭，你就會記錯號碼。這組電話號碼是短期的陳述性記憶（declarative memory）：是在有意識的情況下所獲取的清晰訊息。

你會在短時間內記住這組號碼，直到撥打給對方。之後你想記住這組號碼，好繼續跟這個人保持聯絡，這時你就必須將情節記憶轉移到語意記憶，也就是在重複中學習獲取知識。常常撥打這個號碼，就可以把它轉換到語意記憶庫裡。這種轉換的過程非常緩慢，要不斷重複操作。除非這組號碼很好記，或對你有某種情感，你才會馬上記得。

看著上面的數字一分鐘。接著默寫，看看你能想出多少個數字？這就是「蒙特利爾認知評估」（MOCA），是神經心理學的測試標準。如果你能至少記得五個數字，那表現就還算正常。

在一九四〇年代，美國心理學家喬治．米勒（George Miller）在部隊服務，他要設法中斷德國的無線電通訊。過程中他發現，大部分人只能記下七位數的數字。他測試人們對生理刺激的感受與判斷，包括聲音和光線。米勒發現，人們判斷外在刺激的程度只能分成七級。而人們對數字的短期記憶也是七個。他先讀出一串數字，接著請受試者複誦，大多數人可記下五到九個數字，而少數人能記住十個。

米勒注意到，「七」可用來評估感受的強烈度，也是當場記下數字的平均數。他在一九五六年撰寫出一篇著名的心理學論文，題目非常有趣：〈神奇的數字七，加二或減二〉（The Magical Number Seven, Plus or Minus Two）。除了米勒之外，十九世紀的蘇格蘭哲學家威廉・漢彌爾頓（William Hamilton）也指出，大多數人都記不起七個數字：「扔一把彈珠在地上，盯住七個你就會搞混了。」

後來，米勒的研究顯示出，「七」的原則適用於數字、字詞、圖片以及想法。他想告訴大家，大腦的運作能力有侷限，而且範圍遍及人類大多數的活動。

如何記住一大串數字：分組、聯想與諧音

但我們有辦法克服這種局限性，只要配合一些基本的組織記憶法，就能輕易地加強短期記憶。回頭再看一下前面的數字串，想像它們是許多組電話號碼：

349-370-5272，227-500-4546，802-087-1345，655-370-0678，192-165-2344，568-075-6145，035-949-2340，096-067-6590，87

只要幾分鐘就能夠記住前兩組號碼，等於是二十個遠高於MOCA的標準值「五」或米勒教授發現的「七」。這邊我們所用的原則為「意元集組」（chunking），也就是一列

數字轉換為方便記憶的組塊，比方電話號碼。不過，你不必折磨自己的大腦，硬要在毫無規律的序列上強加意義。

有些意元集組比較難，必須透過深度思考才能組織起來，這在心理學上稱為「深層處理」(Depth of Processing)。基本上，你越努力發明新方法，就越能記住它。我猜想，埃賓豪斯應該有想出一種辦法來記住他那令人痛苦的文字表，比方配合呼吸法來記住某個組塊。但也許，他就是死背硬記下來，不管是哪一種資訊。

回到前一個問題，還有哪些方法可以加強深層處理？以卡內基美隆大學的史考特(化名)為例，他是一位狂熱的越野跑者。研究人員請他試著記住一長串數字，一開始他達到低標，記住了七個。心理學家安德斯．艾瑞克森（Anders Ericsson）敦促他每天練習三次、每次一個小時，沒多久，他就可以背出十個數字（這個成效遠不如前面提到的電話號碼法）。

經過數百個小時的練習，史考特想出了一種意元集組，結果背下了八十個數字，而且可以不間斷唸出來。這令人感到驚訝，因為我前面列出的那一大串數字，就整整有八十個。史考特的記憶力怎麼變得這麼厲害？

前面提到，史考特是狂熱的跑者，所以他的深層處理與組塊能力都比較強，也就是常進行艾瑞克森所謂的「刻意練習」（deliberate practice）。那麼史考特是如何運用田徑練習來記住八十個數字呢？

史考特將那些數字連結到各項田徑紀錄。例如他將「三、五、八」記成跑完一英里的時間：三分五十八秒，剛好低於四分鐘。如果那段數字是以三開頭的四位數字（如三、四、九、三），他就為記為三分四十九點三秒。

史考特的記憶法很常見，名為「精緻化策略」（elaborational strategy），也就是賦予要背誦的對象許多意義，以成功地記住它們。另一種方法是設計特殊的句子去記下數字。英國數學家詹姆斯．金斯爵士（Sir James Jeans）為了背下圓周率 π，他發明了一個句子。π的小數點後面的前十四個數字為：

3.14159265358979

金斯為此設計的句子為：

How I want a drink, alcoholic of course, after the heavy lectures involving quantum mechanics.（聽完與量子力學有關的演講後，我渴望喝上一杯，當然我指的是酒精飲料。）

盯著這句話的英文一會兒，看看你是否能找出它與那些數字的關係。

事實上，這個句子裡每個單字的字母數量，依序能對應這十四個數字。第一個字how有3個字母、第二個有1個、第三個是4個、第四個是1、第五個是5，第六個是9……以此類推。在腦海中複誦這個容易記住的句子，便能記住圓周率到小數點後第十四位。類似的精緻化策略很多。印度數學家馬哈德文（Rajan Mahadevan）曾經在一九八一年背出前三萬一千八百一十一位數的圓周率。（譯注：中文亦有類似的記憶編碼，有人將圓周率小數點之後的二十位數字3.14159265358979323846，編碼為「山頂一寺一壺酒，二侶舞扇舞，罷酒去舊衫，握扇把寺遛」。）

這時候也許你會感到疑惑：「為什麼要煩惱這件事？就算我背誦數字的記憶力超強，那又如何？」

事實上這種數字的「記憶廣度」(memory span)簡明易懂，而且能反映出大腦中早期階段處理資訊的效率，也就代表你的記憶力有多好。背誦數字的能力加強，大腦的整體表現就會提高。研究顯示，從數字記憶廣度，就可以判定兒童的計算和閱讀能力。

數字記憶廣度提高，大腦運作效能便會提升，因為這牽涉到注意力、專注度、排列能力、數字能力以及聽覺和視覺方面的短期記憶。

逆序的數字廣度記憶更有挑戰性。試試看，在你的智慧型手機上隨機輸入五個數字，然後倒過來背背看。你將會發現，這比依序出現的數字更難背。許多人可以依序記住七個數字，但很少有人能倒過來記住五位數。為何有種差異？因為除了記憶和編碼外，逆序還牽涉到移動數字的位置。你必須先在大腦中背出這些數字，然後再由右到左唸回來。

接下來我們要談到工作記憶，本章後面的篇幅都會用來討論它。我們先接著討論數字廣度記憶。有另一種記憶法，是用諧音字或影像來代表每個數字。

採用諧音字去代表0到10，然後記住那些影像：

0↓鈴鐺
1↓衣服
2↓鱷魚
3↓山頭
4↓寺廟
5↓舞者
6↓溜滑梯
7↓旗子
8↓喇叭
9↓酒瓶
10↓石頭

多虧了這些諧音字，我們就很容易就能記住長串的數字。看到零，就想起可愛的鈴鐺；看到七，就想像旗子在飄揚。

接下來，我們用這方法來記這一串數字：202362734。前三個數字202是兩隻鱷魚在搶鈴鐺。至於36，就是山上有個溜滑梯。至於27，就是鱷魚在咬旗子。至於34，就是山上有座寺廟。這一整串數字便是：

兩隻鱷魚搶鈴鐺、山上有個溜滑梯、有隻鱷魚拿旗子、山上有座寺廟。

接下來，請你自己發明一到十的諧音字，以此來創造畫面。你比較能記住自己設定的方法，因為在創作的過程中，你會利用到聯想和精緻化，而這是兩項最基本的方法。

記憶工具

前面的方法是基於諧音，也就是透過聽覺就能達到最佳的學習與記憶效果。因此對於有些人來說，聽講座、上課的吸收力會比較好，而不是閱讀書籍。另一方面，我們也可將數字轉換為物品，透過視覺來達到最佳的記憶效果。以下是魔術師艾倫・努（Alain Nu）所發明的類比：

1 ↓ 筆
2 ↓ 天鵝
3 ↓ 手銬
4 ↓ 帆船
5 ↓ 掛鉤
6 ↓ 高爾夫球桿
7 ↓ 懸崖
8 ↓ 沙漏
9 ↓ 怪物
10 ↓ 球棒與棒球

從視覺上看來，1像筆、2天鵝、3像副手銬……很有趣吧！

有些人喜歡這種視覺化的記憶法。總之，兩種你都可以嘗試看看，最好是親手寫在筆記本或便利貼上。寫字可以刺激感官，手部各肌肉也可以活動，還可以增強記憶力，這是用電腦打字不能取代的。

有些人能用味覺或嗅覺來記憶：

看著一連串的數字，腦袋裡會出現顏色、形狀和紋理，它們自動地編織在一起，形成了一幅圖畫。只要回溯我腦海中的畫面，就可以讀出剛剛記下的數字。

作家丹尼爾．譚米特（Daniel Tammet）如此寫道。他是當今世界上僅有的五十名記憶奇才之一。在自傳《出生在藍色的日子裡》（*Born on a Blue Day*）中，他寫道：「只要數字序列變長，我腦海中的景觀就會更複雜且有層次。在我心目中，那就像是由數字所組成的國家。」譚米特的記憶系統奠基於聯覺（synesthesia），只要接收到一種感官刺激，他就會產生其他感受。例如，他想到某個數字或字母，就會看到某個顏色或聞到氣味。

不過，聯覺是相當罕見的，沒少人可以像譚米特那樣用到淋漓盡致。不過，我們平常說話的確帶有聯覺的特色。比方說，我們會用「擲地有聲」去形容文章寫得好、用「紅色」去想像熱情的人，而用深淺的明暗對比去表示音高。最常見的聯覺是把字母加上顏色，還有一種是「連帶色覺」（chromesthesia），就是從顏色中可以聽到聲音。這些能力都可以試著培養，但很難達到譚米特的程度。

在我見識過的記憶專家中，沒有人擁有聯覺力，但他們會基於自己的天賦和偏好，去統合視覺和其他四種感官（聲音、觸覺、氣味和味道）；而每個人總會有某項感官比較敏銳。

除了視障者外，大多數人都會先以視覺為主。但對於一些藝術家來說，會排除其他感受，以設法專注於某個感官。加拿大鋼琴家楊．利榭茨基（Jen Lisiecki）在演奏時都會閉著眼睛，他表示：「關閉一項感官，就能提高其他感官的效能。舞台上沒有明顯氣味，所以我設法專注於聽力，完全沉浸在音樂中。我彈了一輩子的鋼琴，所以相當清楚每個琴鍵的位置。」

練習的時候，先閉上眼睛，專注在腦海中創造場景，並看清楚你想要記住的物體。

在心裡面想像代表數字 4 的帆船，越精緻越好，以吸引自己的注意力；想像風吹過船帆的聲音、流過船體的海水以及其濃厚的鹹味，還有船快速移動時的搖晃感。這些還稱不上是聯覺，但仍包含由多種感官組成的體驗。但一開始，你只要去想像那艘精美帆船的樣子就好。

在腦海中裝設高倍數鏡頭

我們前面提到了詩人西蒙尼德斯，在宴會廳坍塌後，他能想起每位賓客的座位。兩千年後，卡米洛提出了記憶劇場，藉由影像和位置來記住大量的資訊。位置記憶法當今仍然是最普遍的方法，我認為，只要數量夠清楚的話，這是最有效的記憶法。

我最熟悉的影像是我房子的立面，我常用它來做記憶練習，包括窗戶的位置、磚柱的數量等。雖然我想像的畫面與真實的狀況不完全吻合，但很接近。

選擇你個人熟悉的物件或是隨時都可看到的對象來練習記憶，看看能不能生出如照片般清晰的畫面。一開始，挑選一個對象就好，因為很少人能夠一次形塑出多個生動的影像。

在腦海中形塑出超級鮮明的影像，此能力稱為「極端心像」（hyperphantasia）。多多練習，你就能瞭解自己的視覺化能力。研究人員提到，有極度心像能力的話，看完電影後就能在自己腦海中完整重新播放一遍。這聽起來很稀奇，但世上有多達百分之二點六的人口有這種能力。

與此對立的情況是心像障礙（hypophantasia）：欠缺形成心像的能力。研究人員認為，這兩種「心靈之眼」都不算是心理疾患，只是心智能力過於常人。大多數人（包括我自己）都在中間區域。但即使你有心像障礙的問題，只要不斷練習，強化平時接收到的影像與畫面，就能增強「心靈之眼」的洞察力。

從古希臘人的記憶法我們得知，要有超強的記憶力，第一項要培養的技能便是視覺化，也就是在腦海中鉅細靡遺地形塑出某項物件。視覺化能力變強了，腦海裡所呈現出的物件就會栩栩如生。當然，這對於有極端心像力的人很容易。但要縮小我們跟他們的差距，只要記住三個要訣：「練習、練習、再練習」。

舉例來說，在桌子上擺十個物件，順序隨便排。我擺了鋼筆、書、麥克筆、平板電腦、手機、墨鏡、筆記本、墨水、梳子和手錶。不妨挑選幾樣你熟悉甚至珍視的物品，好在當下喚醒你的注意力。

花三分鐘去端詳這些物件。現在閉上眼睛，在腦海中完整呈現這些物件的影像與正確位置。做不到的話，就改為五項物件。關鍵在於，找出它們獨一無二的特點，並發現排列方式有何特色。成功之後，就繼續練習、加強難度，一次增加一項物件。

舉例來說，我桌上那支鋼筆是我與萬特佳（Montegrappa）公司共同設計出來的：純銀筆桿、藍色賽璐珞的筆蓋；筆夾是十八K金的，上頭還有一個紅色賽璐珞原點。仔細研究後，我把它放在桌子上，閉上眼睛，並在腦海中想像這些細節，以強化它的特點。

接下來，我今天戴的是復刻版的一九四八年漢密爾頓·巴頓（Hamilton Barton）名錶：長方形的雙色錶盤、在六點鐘的位置有個獨立的微秒錶盤。端詳幾分鐘後，我突然發現一個以前遺漏的細節：錶面上的奇數換成小圓點了。我將手錶放到桌上時，也記下它與眾不同的特色了。

進行這項練習，就像在腦海中使用某種高倍數的鏡頭，以觀察物件的每項細節。清楚地在腦海中看見某項物件，就能記住它。心理成像的清晰度和細緻度越高，記憶力就會越好。

用熟悉的地點來增加記憶力

接著我來示範自己的位置記憶法。如前所述，我家房子是起點，接下去分別是：

（2）圖書館

（3）咖啡店

（4）酒品專賣店

（5）喬治城大學醫學院

（6）喬治城大學

（7）米蘭餐廳（我的最愛）

（8）連接喬治城和維吉尼亞的凱伊（Key）大橋

（9）硫磺島戰爭紀念館

（10）雷根機場

我從家裡出發，沿途經過這些地點，再到硫磺島戰爭紀念館約六點四公里，但後者距離雷根機場還有十四點四公里。當中有些地方是我很熟悉的，有些則是辨識度很高的知名景點。

總之，挑選十個對你來說有意義又熟悉的地方，利用眾所周知的景點也可以，這樣就更容易形成清晰而細緻的心像。

設定好位置記憶點後，就要用它來記住我要去採買的物品：

牛奶、麵包、早餐穀片、魚、牛排、熱狗、紙巾、西瓜、番茄醬、柳橙汁

這些物品沒有哪樣比較重要，所以我調整了順序，以前述的地點來編碼：

我的房子：它就像「牛奶盒」，而牛奶從煙囪冒出來。

圖書館：從大落地窗往內部看去，書架上擺著「麵包」。

咖啡店：戶外桌上放著一個「西瓜」。

酒品專賣店：貨架上的酒瓶裡插著「熱狗」。

喬治城大學醫學院：建築物像一盒「穀片」。
喬治城大學：門口被「番茄醬」淹沒。
米蘭餐廳：餐廳位在水底下，成群的「魚兒」在游來游去。
凱伊大橋：橋面由「牛排」所組成，車子來來回回輾過。
硫磺島紀念館：陸戰隊的銅像舉起一條巨大的「紙巾」。
雷根機場：雷根的雕像拿著一杯「柳橙汁」。

為了充實位置記憶法，除了找出熟悉的記憶點，你也可以放入日常生活中一定會接觸、有固定位置的物品，例如床和床頭燈。

位置記憶法可以有好幾組。除了前述的清單，我從咖啡店的桌子起身離開、走向某家餐廳途中會見到的東西，都可以拿來當記憶點，只要會吸引到你的注意力即可。重要的是，讓這些清單成為你的第二天性，可以立即想起，並在腦海中清楚地呈現。

事實上，畫面越奇怪或有不敬的意味，就越易於記住。本書通篇一再強調，要成功記住事物，關鍵就在於清晰度。因此，找出記憶點後，融入想記住的東西，再於心中呈現出清晰的影像。

蔡加尼克效應

有些人會擔心，某套位置記憶法使用一次後，該地點就會融入當時記住的物品；那下次再用這套方法時，那些物品不就會浮現在畫面中？這樣又要如何記住新事物。這是個好問題，但配合「蔡加尼克效應」就能解答了。

一九二〇年代，蘇聯心理學家布盧瑪．蔡加尼克（Bluma Wulfovna Zeigarnik）指出，許多服務生記憶力超強，點菜不用寫下來，而且顧客付款完離開後，立即就忘記剛剛點過的菜色。蔡加尼克請來受試者執行各種任務，做粘土人物、研究數學問題或組裝紙箱。過程中，蔡加尼克會突然打斷他們，並詢問他們剛剛在做什麼、完成了哪些步驟。

蔡加尼克發現，人類大腦非常有趣，任務未完成時，就會不由自主地一直想著它。這樣一來，我們就不會忘記那項任務；事實上，相較於已完成的任務，人們對於未完成工作的記憶更加清楚。因此，當顧客吃完東西且付過帳單後，服務生便釋放心頭上的壓力，不再擔心搞錯點單或結帳時算錯錢。

因此，位置記憶法可以反覆使用。在超市採買時，那些購物清單暫時儲存在你的位置記憶裡，你結帳買完後，前者的清晰度將大大減弱，很快就會被你遺忘。你的位置記憶法將可繼續使用，只要你經常去檢視那些地點的特徵。

用顧客的臉記下點菜的項目

你的記憶位置不需要像我那樣幅員遼闊（從我家繞過八個地點到雷根機場要二十公里），侷限在單人房間裡也可以。有時候，小型的「記憶劇場」反而更容易記住，因為在這空間內的物品一目瞭然。但就另一方面而言，這些物品的位置太近了，所以你很難用它們作為記憶點。雖然我不推薦用這個方法，但有些人只能用侷限的地點或物品來操作位置記憶法。

舉例來說，有個服務生從未搞砸顧客的點單，他解釋道：

每天我上班時，第一件事就是記住當天的特餐，因為其餘的餐點每天變化不大。面對顧客時，我會將他們的臉孔與所點的菜色疊在一起。我還會想像菜色的名字從他們嘴裡冒出來的畫面，就像漫畫中的對話框一樣。我走進廚房，在心裡面回顧「臉孔加上菜單」的影像。忘記的話，只要看向餐桌，顧客的臉孔就會浮現他所點的菜色。

在這個情況下，菜單是唯一的記憶基礎，讓服務生得以連結顧客的臉孔和餐點。華盛頓某家知名餐廳的經理雅克．斯卡雷拉（Jacques Scarella）已在餐飲業工作四十多年了。他衣容整潔、銀灰色的頭髮修剪整齊，也都記住老顧客偏愛的餐點，而且其中一些人一年才來一兩次。在餐廳裡度過繁忙的夜晚後，到了隔天早上，斯卡雷拉還是能想起這四十六張餐桌的客人，包括他們所坐的餐桌和座位順序。

他是如何完成這一壯舉？事實上斯卡雷拉擁有罕見的超強記憶力，所以不需要依賴任何記憶法。他說道：「我不僅記得他們點了哪些菜，還可以回想起他們上次所回饋的意見。此外，在點菜時，我會設法讓他們想起以前愉快的用餐經驗。」

我誇獎斯卡雷拉，說他真的無愧為「超強記憶達人」，但他說這只是天生的特質而已，更重要的是，他渴望成功而永不自滿。作為餐館的經營者，他知道顧客的偏好很重要，應該要牢記在心。

在此，我想再次強調「留心觀察」的重要性。只要專注力和企圖心夠高，你就不需要使任何一種記憶法。雖然如此，但唯有記憶法，你才能開發自己的記憶潛力。畢竟，斯卡雷拉的超強記憶力僅能用於餐飲業。我好奇地問他，離他家最近的十字路口是哪一個，他說：「我不需要費心去記住這種事，反正每天回得到家就好。」

學過的東西要常複習

我將工作記憶封為「記憶女王」，因為它是最重要的智能強化器；加強工作記憶，就能增強智能。

工作記憶指的是，注意力轉移時，我們可先將當前的資訊暫存在腦中。比方說，我在寫作時，妻子突然有急事要跟我討論，講完後，我就忘記了剛剛要接著寫的段落（所以作家在寫作時都不喜歡被打斷）。這種干擾效應就是工作記憶沒有正常運作。我沒有牢牢記住正在書寫的段落以及觀點，當時我注意力都放在妻子的問題，所以回頭就寫不下去了。

人類最高度發展的記憶力就是工作記憶，其中包含了儲存和操作。乘法心算就是個好例子，在腦海裡進行兩位數相乘時，必須記住每位數的相乘結果，然後再將它們加在一起。有些人不太會用心算做乘法，而是要寫在紙上或乾脆用計算機。若要用心算做三位數的乘法，那工作記憶就要更強大，這已超出大多數人的能力範圍，雖然步驟與兩位數乘法完全相同。三位數乘法的難度在於資訊量增加，大腦必須先儲存，操作後才能得出最終答案。

記住生活中所發生的事件，就更有機會形成洞見、創造超凡的見解。日本小說家村上春樹說：「記憶就是為求生存而燃燒的燃料。」他指的應該就是工作記憶。幼年時，強化工作記憶很重要，不然就很難吸收上課的內容、做心算和閱讀較長的片段。

因此，工作記憶便是獲取與儲存資訊的要件。唯有整合前後時段所聽到或讀到的內容，才能有效學習和記憶。因此，記憶的品質與個人的成就才有那麼大的關聯。一般來說，人越聰明、智商越高，工作記憶就越強。

想想雜耍藝人，他們被吊在空中，還要一次丟接好幾顆球，注意力和記憶力都非常集中。同樣地，工作記憶讓我們同時處理兩、三樣事務（視覺上最多可追蹤四個物件）。

當然，有些人有辦法處理更多。

我們還不完全理解其原因，就前面提到的蔡加尼克效應來看，相較於已完成的事物，大腦更能地記住尚未完成或被中斷的事物。因此，在記住某些事情的過程中，你可以休息、放鬆一下，最終就能記得更清楚；毫不停頓的效果反而比較差。心理學家推測，在學習與建立記憶的過程中，大腦會非常緊繃，在任務完成後才會緩解。在你短暫的休息期間，它會保持緊繃，因此你在休息前後所閱讀的資料，會更容易記住和消化。

另一個提高記憶力的有效方法是，針對你想記住的資訊，不斷對自己測試；反覆挑戰、一次又一次地回想，你對它的長期記憶就會加深。

在某項實驗中，研究人員教學生一些非洲的史瓦希利語，接著開始考試，比如Mashua就是「船」。學生並未接觸過史瓦希利語，所以只能硬背這些單字的意思。他們分成兩個小組：第一組會反覆自我測驗，就算已經答對的字也會不斷複習；另一組學生則是答對後就不再複習。

做了幾次測驗後，第二組的學生最後只有記住三分之一，而第一組的學生記下了百分之八十。由此可知，不斷複習就能加強記憶力，比上課更有效。

在工作上，有些任務需要既定的步驟才能完成，所以得牢記所謂的SOP流程。學習過程中，除了要聆聽新的指令，還得想起前面已經學會的步驟，這就是「運作中的工作記憶」(working memory in action)。專家認為，這就是理性思考力的基礎，能牢記的物件越多，所考慮的面向也就越多。

這就像在電腦上做文書處理一樣，我們可以同時開兩個文件、隨時切換工作。但如果你關閉了文件一，畫面上就只剩下文件二。工作記憶失靈也是一樣，注意力完全切換到另一件事情，而沒有保留對原先工作的意識。

工作記憶大挑戰

視覺的多重回溯（N-Back）

記住這串數字：270183。

在心裡面默念一兩次，應該就能記住了。現在，在心裡面重新排列這一串數字，從小排到大；完成後，再從大排到小。要成功執行這兩項任務，就要在心裡形成這一串數字，然後在心裡排列組合。

接下來我用一副紙牌來示範工作記憶的運作過程。

1. 洗牌，接著整副牌正面朝下放在桌上。
2. 挑選兩種卡片（老二和皇后）作為觸發卡。接著開始翻牌，翻開後如果不是觸發卡，就正面朝下疊在另一邊。
3. 抽到觸發卡時，你就得說出前前一張牌是什麼。它被蓋在另外一堆，所以你得發揮工作記憶力才能想起。答對的話，就繼續抽，再抽到觸發卡的話，就要說出前前一張是什麼牌。

以上為二重回溯（2-Back）記憶法。

練習時你會發現，你的心智需要發揮不同的能力。在前面的練習中，你只需記住當前出現的事物（如一串數字），但在翻牌過程中，你得同時記住上一張牌與上上一張牌。因此，這個練習具有挑戰性、壓力更大。

要完成這項挑戰，大腦就必須能同時記住許多事。抽到觸發卡，就得想起前前那張卡是什麼。挑戰成功後，你可以繼續嘗試三重甚至四重回溯，就看你有多厲害。

聽覺的多重回溯

除了視覺外，多重回溯法也可以用來練聽覺。請先拿出錄音裝置或手機。一秒一字母唸出以下的句子：

PRFBA FALLP BRADB LYIYI ULYYU URUNY FIPAL LFIUR PLAYF LINUY

錄製完畢後休息十五分鐘，把注意力放在其他事情上。接著選擇兩個觸發字母，如A和B，然後開始播放錄音檔。聽到觸發字母時，就按暫停鍵，並寫下前前一個字母。完成後繼續播放音檔，直到下次觸發字母出現時。重複進行這些步驟，挑戰成功的話，就可以進行三重回溯。

數硬幣

接下來還有一種訓練工作記憶的方法。拿出一堆硬幣，當中有一塊、五塊和十塊。每種硬幣在五到十個之間，但數量不用一樣，也不要按照特定順序排列。現在，一次拿起一個硬幣，然後加總面額。除非你的工作記憶超強，否則你拿起硬幣時，一定得在心中默念面額並加以計算。大部分人都可以完成這項任務。

現在換另一種方法，先一一挑出一塊錢的硬幣，然後在腦海中進行加總。接下來加總所有五塊錢的面額。一次計算一種面額最容易，因為這不需要太強的工作記憶。計算完五塊錢的硬幣，總額便能儲存在工作記憶中，你的注意力就能轉移到十塊錢的硬幣了。最後，你只需要總計三種硬幣的面額。這個方法的難度跟前一個差不多。

稍微困難的挑戰來了。現在請你隨機挑出一塊錢和五塊錢的硬幣，然後加總各自的面額。計算的過程中，你得分別牢記一塊錢已有多少、五塊錢已有多少。盡可能快速算完，接著後再檢查正確與否。這個練習應該一兩次就上手了。

接下來，就要同時計算一塊錢、五塊錢和十塊錢。成功之後，接著再加上五十元硬幣。四種面額是一般人工作記憶的極限了，比利時心理學家維爾哈恩（Paul Verhaeghen）

進行了多項實驗來證明這一點，有興趣的讀者可參考他的文章〈透過練習就能增強工作記憶〉（People Can Boost Their Working Memory Through Practice）。

以上的練習可以多多嘗試，因為不需用上昂貴或花俏的設備，你只需要撲克牌、錄音機還有一些硬幣。一段時日後，你就能了解記憶法的原則，並隨時測試你的工作記憶，甚至還能自己設計新的挑戰項目。

額葉負責工作記憶

負責工作記憶的就是前額葉皮質，它們位於大腦兩側額葉的最前緣；而頂葉也負責一部分的工作。在人體中，額葉是最晚成熟的結構，它們佔了整個大腦皮質的三分之一，而當中的背外側前額葉皮質就是負責工作記憶。

假設我最喜愛的鋼筆不見了，我就會開始有系統地去尋找它。首先回想最後一次看到它的地方（我的桌子），接著翻找公事包，外套。接下來我就會擴大搜尋範圍，並留心不要再搜尋找過的地方。我全神貫注，並忽略會讓我分心的事物。

我專注地尋找鋼筆，而大腦的背外側前額葉皮質勤奮地工作著。我的腦海裡還會出現內在影像（那支鋼筆的樣子）以增強專注力。以上就是工作記憶運作的過程。

兒童和青少年的前額葉皮質尚未發展完整，所以很容易丟三忘四。他們的工作記憶效能較差，所以不會自我管理、很難集中注意力，也無法同時處理兩件以上的事情。

人年老時，或有額葉退化問題的患者，工作記憶就會下降。但這些狀況並非不可避免，事實上本書就是要強調，多多鍛鍊工作記憶，就能減緩額葉功能退化的速度。

額葉受損或退化，許多心智功能都會消失

人類與其他生物的工作記憶哪裡不同？關鍵就在於額葉。

大腦的記憶中心都與額葉相連，有了它，我們才能預想和判斷未來。若額葉受損或退化，負責記憶的大腦區域就無法正常運作。例如，患有額顳葉失智症（frontotemporal dementia，影星羅賓・威廉斯所患的病症）的話，對往事的回憶就沒那麼精確。而阿茲海默症患者的情況就更嚴重了，因為額葉受到破壞，所以會喪失大部分的記憶。由此可知，記憶力喪失與記憶中心（主要是海馬迴和杏仁核）的受損有關。

以下為額葉所處理的心智活動：

驅動力：額葉受損的患者會失去雄心壯志，也無法自我激勵和自我指引。這時他會更需要外界的刺激和鼓勵。

排序：患者會無法按照順序來儲存資訊，也難以從看似平凡的資料找出重要的訊息。

自我管控：患者不太能預想及推斷自己的行為後果。有些患者在失去自我監測的能力後，其社會行為也會失控。他們會發表粗魯和侮辱性的評論，說出淫穢的詞語，或是認識某人不久後就公開表露出性趣。他們的判斷力低下，也難以從他人的角度去看待事物。

未來的畫面：複雜的活動都需要預先規劃。我們得運用想像力，才能考量現在的情況，而對未來有所期待。這些畫面能作為具體的行動指引，帶我們朝向未來的目標前進。

自我分析：自我從過去延伸到現在、再進入未來，但額葉受損的患者無法掌握這種連續性，所以欠缺穩定的自我意識。個體不斷在變化、發展，但腦部受損後，就無法覺察到自身行為所應擔負的責任。他再也不能想像自己未來的發展，也無法整合過往的經驗。

案例一：鐵路工人蓋吉

關於額葉損傷，最經典的病例是出自於一八四八年佛蒙特州發生的一樁意外。一名鐵路工程師菲尼亞斯．蓋吉（Phineas Gage）在岩石上鑽洞並填滿火藥，準備炸開巨石。接著他把一根長鐵棍推入洞裡，但刮擦到山壁引起火花，隨即點燃火藥。爆炸的當下，鐵棍如砲彈般正中蓋吉的左眼下方，並穿過他頭部的額骨和大腦額葉，從髮際線正上方穿出。蓋吉奇蹟般地活下來了（工作人員見到他被彈射到空中、摔落在地上，以為他必死無疑）。

蓋吉活下來了，但只有身體，因為他的心理狀態完全改變了。他的醫生約翰．哈洛（John Harlow）照顧蓋吉好幾年，並留了以下的觀察紀錄：

如果有人提出忠告，或要限制他的言行，他會很不耐煩。他個性有時頑固、有時反覆無常又搖擺不定。他訂了許多未來的計畫，但很快就會放棄，並設想其他貌似可行的計畫。在頭部受傷前，他心智很健全，親友都覺得他很精明，在工作場合精力充沛又堅持不懈。他的心智在意外後發生了極大的變化，熟識他的朋友都說這個人「已經不是蓋吉了」。

案例二：人事專員大衛

額葉受損對工作記憶所造成的影響，還有個更特別的例子。有個名叫大衛的患者，他額葉附近的血管破裂，額葉因此受損。手術成功後，他回到了人事管理的工作。幾週後，他被送來我的診間，他的主管寫了一封信，詳細說明他的個性和行為變得多惡劣。大衛以前做事主動又積極，現在卻需要他人強力監督，就連日常的庶務也要人催。

下班後，他只會看電視，很少讀書或雜誌，也不開口跟家人說話，更不喜歡出門去拜訪朋友。

我對他進行測試：他能快速記住簡短的購物清單，但沒過多久或注意力轉走後，就忘得一乾二淨。臨床報告指出：

他很難記住並統整他人說過的話。除非有人不斷提醒，他才能將注意力集中在手頭的工作。他不斷列印出電腦裡的文件，卻不知道要用來幹嘛，也不知道哪些是重要的。他很難按部就班地工作。沒人管的話，他就會在不同的工作項目間跳來跳去。他理解力變差又不愛思考，工作也沒目標，只要有新任務進來就會分心。

儘管大衛在工作上遇到困難，但做了心理測試後，結果卻很正常。但他就是無法牢記眼前的工作目標，也無法權衡電腦中哪些資訊比較重要，而且他一次無法想兩件事。大衛的工作記憶嚴重受損。他無法在當下判定周遭事物和未來目標的關係，過不了多久，他就失去了生活動力。大衛的大腦受損後，明顯喪失自我管控的能力。

有自我管控力才能維持生活作息

自我管控就是推想與預測自己的行為後果。蓋吉和大衛都無法維持正常表現，所以生活陷入困境。關鍵在於，缺乏完整的工作記憶，他們都不能同時記住兩三件事情。接下來要介紹一位工作表現優秀的經理。

經理必須負責公司的生產力，讓股東滿意，也要好好分配屬下的薪資。日復一日，他得做出各種大大小小的決策，牢記和權衡所有要素；這些都得儲存在工作記憶中。加強工作記憶，就能把往事、現狀和對未來的期待牢記在心，繼而提高生活技能。可惜的是，我的病人大衛，和半世紀多以前的蓋吉一樣，已經失去了這種能力；他們的額葉都受損了。

有自我管控力，我們才能統整自己的記憶和規劃生活。回想一下大學生活：上午十點上法語課、下午三點上化學課、下午四點上通識課；下課後你還得回宿舍洗衣服、去便利商店領演唱會的門票、在自動提款金領取現金。最後，傍晚六點你還要去約會。

這些事項你必須牢記在心，並安排執行順序。某些事情的時間點比較彈性（例如洗衣服、去便利商店或找提款機）。但所有事項都必須在下午五點半以前完成（畢竟你還需要一點時間去梳妝打扮才能出門約會)。

你必須在腦袋裡想像從教室、自助洗衣店到便利商店的距離。此外,那三堂課分散在三棟教學大樓。你需要有效率的計畫,最終才能順利地在六點時赴約。

這些計畫牽涉到時間和空間感,你得用上自我管控和工作記憶,才能有效地執行。保持清醒、不斷自我對話(「洗衣店離學校近嗎」)和心像(在腦海中看見移動路線),這就是自我管控和工作記憶在共同運作。

自我管控和工作記憶會連動,因為這兩種功能都位於前額葉皮質,所以這個部位特別重要。

背球員名單、讀小說與做菜對大腦有益

接下來,我來介紹一些可以隨時隨地做的記憶練習。

回顧一下從拜登到小羅斯福的歷屆美國總統,依序寫下來、說出來或錄下來。現在,從羅斯福到拜登,在你的腦海中說出或回想著他們的名字。接下來,只說出當中民主黨總統的名字;完成後,再背誦共和黨總統的名字。現在,不管黨派為何,按照總統姓氏

的字母依序唸出來。這幾段練習由容易到難，對專注力的要求也越來越高，有助於訓練工作記憶。

這是另外一個練習：針對你最喜歡的棒球隊，背出每位球員的名字以及守備位置。接下來，在腦海中依照姓氏的字母順序，背出每位球員的名字；最後依照相反的順序去回想這些名字。

如果你不是體育愛好者，那就寫下你最喜歡的十位作者。記住這份清單並不難，只要用上瞬時記憶（immediate memory，兩秒鐘內的記憶）就好，因為這些作家都是你最喜愛的。現在，按照字母順序去回想這些名字；忘記的話，就看一下方才寫下的清單，但僅限一次。最後，依據他們著作的發表年代去依序回想他們的名字。如果其著作年代有所重疊，就用字母順序來排序（將福克納〔Faulkner〕擺在海明威〔Hemingway〕之前）。

這些練習所依據的是工作記憶的疊層準則（superimposed criteria），也就是在腦袋中保留住資訊，並試圖移動它們的順序。

順帶一提，閱讀小說對於工作記憶非常有幫助。非小說類的作品各篇比較獨立，讀者可根據個人的興趣和知識背景跳著讀（這本書也是）。相反地，閱讀小說時，讀者必須從頭不間斷地讀到尾，同時在工作記憶中記著角色和情節的發展。

小說讀者必須記住各個角色第一次出現的場景以及書中所提的背景。每當這個角色出場時，讀者都必須透過工作記憶來回想先前的情節，並猜想他出場的原因。

附帶說明，多年下來我在早發性失智症患者的身上觀察到，他們最初發病的跡象之一，就是不想再讀小說，因為無法牢記各個角色或情節發展。早發性失智症的第二個跡象與烹飪有關。既然患者無法保留與運用工作記憶，那就無法遵循烹飪的步驟整理食材，並在適當的時機一一加入食材與調味料。不過正因為如此，患者更需要維持閱讀和烹飪的習慣，才能刺激大腦、保護工作記憶。

訓練記憶力的問答題

除了上面提到的活動，玩橋牌和西洋棋等遊戲都有助於強化對於過去、現在和未來的記憶。參賽者必須去反省過去的比賽過程，包括自己做出的決定以及後果。而我自己最喜歡的遊戲則是「二十個問題」。

在傳統的玩法中，「提問者」先離開房間，其餘的參與者選擇出一個人、地或物。提問者回到房間時，最多只能提二十個問題，來猜測其他人選出了什麼。

根據規則，參與者必須誠實回答提問者所提出的問題，也不可以中途改變答案。參與者所需要的技能是將問題和答案都儲存在工作記憶中。假設答案是「駱駝」，而提問者問「是生活在海洋中的動物嗎」，參與者就必須將「否」這個答案儲存在工作記憶中。

而我設計了兩人版的「二十個問題」，過程很簡單：

1. 其中一位參與者想出一個人、地或物。
2. 另一位參與者最多提出二十個問題，以猜測對方做出的選擇。
3. 提出二十個問題後，提問者都沒辦法猜出答案，那麼另一位參與者就贏了。

這個遊戲的關鍵點在於，提問者是否能清楚記住所有的答案，並排除掉可能的選項。在雙人版本中，參與者要想出難以被猜中的人、地方或物。另外，想要增加趣味性的話，也可以將猜題範圍限定在歷史或醫學領域。

量子物理學家約翰．惠勒（John Wheeler）提出了狡猾版的「二十個問題」。它對工作記憶的要求更高，想玩的人要確定自己夠聰明。

首先，提問者不知道當他離開房間時，其他參與者有沒有設定答案。而參與者會依據提問者的問題去設想相應的人、地方或物。其他的參與者也會做同樣的事，也就是在聽到問題後，馬上挑出某個人、地或物，條件是它們必須與前面已提出的問題和答案有連結。

惠勒解釋道：「提問者走進來時，他不知道事實上並沒有答案。直到他開始問問題，才會得到一些資訊。但整個遊戲一開始是不明朗的，提出一個問題，就會排除另一些問題。」

這個遊戲就像量子物理一樣，惠勒說：「每個粒子的功能、意義甚至存在與否，完全或間接地取決於被提問者所引誘出來的答案。」

在這個版本的問答遊戲中，眾人一起訓練工作記憶、一同記住每一個問題與答案，只要有人有所遺漏，遊戲就無法進行下去。所以我才說這是個狡猾的遊戲。

教人煮咖啡比自己煮難得多了

每次寫作前我都會煮咖啡。我不必請教咖啡師，不需一一複誦步驟，也不必全神貫注，就可以沖出一杯好咖啡。我煮了好幾年的咖啡，整個過程已在我的程序記憶（procedural memory）中自動化了。

開車也一樣是自動化的。許多計程車司機都會在開車時聽廣播、與乘客交談甚至於偷用手機（這是危險行為）。你也不知道自己為何能同時執行這些步驟，也說不出個所以然，因為它們是來自於你的程序記憶。

程序記憶（又稱熟練記憶，skilled memory）不涉及語言和文字。如彈吉他或騎腳踏車等技能，只要不斷重複練習，相關的神經網路便會成形。只要累積足夠的經驗，我們不用想就可以開始執行，甚至變成高手。但我們無法向其他人解釋自己是如何做到的，因為這涉及到的是程序而不是語言。因此，有人會誤把程序記憶當作肌肉記憶，但實際上，記憶乃存在於大腦裡。不過，身體的活動對於建立記憶的確是有幫助的。

心理學家已證實，只要搭配身體活動，就可以記住某件事情。例如，若有人給你一串指令：撿鉛筆、開電腦、點蠟燭，並要你記住它們。這時，只要實際執行這些動作，你就能記下來了。這就是透過身體和肌肉活動的過程來強化記憶。

回到開車的例子，大部分的資深駕駛都不知道如何教人開車，因為程序記憶不是文字性的記憶，也不需要全神貫注去做。你不能光用口頭指導，而是得讓新手熟悉動作程序，開車、騎腳踏車和彈吉他都要如此學習。

因為，程序記憶是「知道怎麼做」而不是「知道某事情」，唯有經過後天學習，才能執行這些複雜的行為。我當然能夠教你挑選豆子和沖泡咖啡的訣竅，但相較於此，我自己煮一杯來請你喝倒是容易多了。技能或習慣都涉及到自動化的身體活動。透過充分的練習，不需要有意識地思考，就可以完成煮咖啡所需的全部身體活動。只不過，這個自動化的過程自己很難講解。

程序記憶是一種工作記憶，但執行方式有所不同。每個環節都必須經常進行練習，但這不光是無意識地反覆操作。

第一步，先拆解出這個技能的組成部分，同時去瞭解它們的順序與關係。以沖泡咖啡為例，有些非必要的流程就可刪去（例如禱告），只留下重要的步驟，以熟練這些流程：

1. 沖咖啡。

2. 品嚐。

3. 檢討並修正。

透過每次練習，你就能強化沖咖啡的神經網路。透過內部與外部的反饋（自己反省與他人建議），你就能獲取更多知識，使程序記憶更加完備。

程序記憶不僅涉及肌肉系統的工作記憶，它還會用到基底神經節（在皮質下方）。在技能不斷成熟的過程中，大腦皮質也會有所變化。例如，運動皮質與學習新的運動技能有關，所以在我的大腦內，有負責煮咖啡、騎腳踏車、游泳和跳舞的各個區塊。

程序記憶的自動化功能讓人類有發展的潛能，也造成了風險。當我們熟練某項技能，不需要意識就能操作時，再刻意練習反而會出錯。比如說，當你學會新的舞步後，就不要再刻意觀察自己的腳步，以免從「舞林高手」變成「笨手笨腳」。

「嚴密地計畫，放鬆去執行」

對於職業運動員來說，程序記憶也會出錯，這個情況的專有名詞為「壓力下失常」（choking under pressure）。在比賽時的精神壓力下，運動員會突然在一瞬間開始分析自己的表現（哪怕只有幾秒鐘），並因此感到焦慮。他們的自我意識突然膨脹，希望能達到高水準的表現，於是把焦點放在該項運動的各個步驟，自動化因此受到干擾。他們的程序記憶失效，意識變得太清楚，於是展現不出熟練的技巧。

西蒙．拜爾斯可說是當今最偉大的體操選手，是二〇二一年東京奧運會的金牌大熱門。在最後一場賽事中，拜爾斯準備進行兩圈半的轉體跳馬，但她做完一圈半的轉體後，肢體突然就僵掉了，也就是所謂的「空中失感」。體操選手若在壓力下表現失常，很容易受重傷。拜爾斯表示：「我們必須保持百分之百的專注，如果稍有分心，就會受傷。」

也就是說，在那一瞬間，她突然感覺失去了對身體的控制，所以只轉了一圈半。

今日神經科學家發現，就連其他動物也會出現壓力下失常的狀況。卡內基美隆大學和匹茲堡大學的研究顯示出，從電腦螢幕上顯示的線索，猴子就知道要如何獲得獎勵。不同顏色的物體所代表的獎勵不同（小量到大量的飲用水）。獎勵突然變成兩倍時，猴子的表現就更好了；超大獎勵的機會到來時，猴子卻表現失常了。

這就是壓力下失常的原因。科學家發現，猴子的動作分為兩個階段：首先是瞬間的「彈道動作」（ballistic movement），將螢幕上的遊標引向目標；接下來是更慢、更精確的動作，旨在精確地停留在目標上。在壓力下，彈道運動在抵達目標之前就停下來了，變成了拖延過久「歸位步驟」。

猴子的失常表現是導因於過度謹慎。牠們太注意自己的各個動作，在仔細的監控下，身體動作反而變慢。參與這項研究的生物工程學家包提斯塔（Aaron Batista）表示：「猴子做了太多準備動作，所以無法達成目標。」人類也一樣，太謹慎反而會失常。

研究人員並未找出「壓力下失常」所涉及的大腦迴路，但後繼者應該會在受試者的大腦中植入電極。不過，他們指出一個重點：為了維持最佳表現，不要主動去干擾程序記憶，更不要管控身體大大小小的活動。

為了防止在壓力下失常，就要「讓大腦自行運作」。若你對某項活動非常熟練，毫不費力就能做到，那就讓身體自己去作動就好；並於教練的協助下，事後再分析。有位運動員說他如此預防壓力下失常：「嚴密地計畫，放鬆去執行。」

習慣所造成潛在危險

程序記憶和有意識的刻意記憶（deliberate memory）發生衝突時，還會造成其他潛在的危險；有時前者就像竊賊，會取代後者。

例如，打網球時有個小動作很有效，就是提醒對手他正在做某個熟練又無需思考的動作：「嘿，剛才那個發球太棒了，讓我看看你如何握球拍。」對手如果不知道這個伎倆，就會開始有意識地講解這個已自動化的肢體動作。他的專注力從程式記憶轉移到效率較差的描述性記憶。在你提問過後，通常對手會開始失常，不知不覺就輸球了。

程序記憶和有意識的媒介記憶（mediated memory）若發生衝突，也會導致災難性的後果。例如，在公司的安排下，有位資深的單層公車司機要改開雙層巴士。這項變動非同小可，所以駕駛員參加了培訓課程。兩年下來一切都很順利，直到某個慌亂的午後。

當時遇到大塞車，所以這位司機的程序記憶啟動了，他想都不想就走了一條較短的替代路線；他在駕駛單層巴士時都走這條路。幸運的是，那天上層座艙並沒有乘客，因為當巴士行經一座低矮的天橋時，上層整個被削掉了。這都是過去的程序記憶造成的。

若程序記憶覆蓋掉有意識的工作記憶，有時後果會很嚴重。

以遺忘寶寶症候群（Forgotten Baby Syndrome）為例。某天，有位母親臨時工作出了狀況，所以早上無法將女兒送去托兒所。父親自告奮勇，說他可以負責送女兒過去，雖然他以前從沒去過托兒所。那天非常炎熱，他習慣性地在塞車時聽他最愛的談話節目。

結果他忘記女兒坐在後座。他抵達公司後停好車子，從前排座位上抓起公事包急急忙忙跑進辦公室。幾個小時過後，他驚慌地想起女兒還在車上。令人難過的是，他的女兒不幸身亡。

在這個例子中，基底神經節和杏仁核的習慣性運作，覆蓋掉負責規劃和執行的額葉活動。那位父親開車前往辦公室的這段時間裡，他忘記要將孩子送去托兒所。儘管出於好意，但他被熟練的行為模式所困，只想以最有效率的方式（程序記憶）到公司。

這位父親和巴士司機所造成的災難，讓我們體悟到，只要偏離日常的規律行為，就要非常小心。這時要時時提醒自己，以免程序記憶接管了你的行動。程序記憶和習慣是身心的預設狀態，除非特別提醒自己，否則我們都會做一樣的事情。這會導致意外和災難，大家要小心提防才是。

未來記憶

在本章的最後幾頁，我想談談反直覺、看似矛盾的未來記憶。

通常談到記憶，我們指的是過去。只要用心思考，我們就能知道過往或當下所做的決定，會帶來哪些後果。西班牙哲學家桑塔亞納（George Santayana）說：「不記得過去的人註定要重蹈覆轍。」此觀點我們都能理解。但是，未來會對過去和現在產生哪些影響？路易斯・卡羅在《愛麗絲夢遊仙境》中，對此有個似是而非的想法：「只涉及過往的經歷？這種記憶真糟糕啊！」

過去和現在對未來的影響很容易想像，但尚未發生的未來如何影響過去或現在？

加拿大藝人麥可・布雷的歌曲〈今天是昨天的明天〉（Today Is Yesterday's Tomorrow）便解開了這個矛盾問題的道理。為了向這首歌致敬，鄉村音樂團體「原則」（The Principles）則推出了〈今天就是明天的昨天〉（Today Is Tomorrow's Yesterday）。

喬治・歐威爾的名著《一九八四》在今天看來可說是有先見之明。他也在把玩未來記憶這項違背直覺的概念。書中的人物史密斯在真理部擔任歷史檔案偽造者，還虛構了愛國士兵奧吉維。史密斯說此人在軍事行動中犧牲了自己，是英雄、更是同胞們的楷模：

奧吉維同志從未在任何當下存在過，但他如今已存在於過去。一旦人們忘記奧吉維同志是虛構造假出來的，他就會像查理曼大帝和凱薩一樣真實存在，而且有憑有據。

奧吉維從未存在於現實生活中，但如今他卻存在於過去、現在和未來。對於這三者的連結，喬治．歐威爾有句令人難忘的格言：「誰控制了過去，誰就控制著未來；誰控制了現在，誰就控制著過去。」

神經科學家已經證實，卡羅和歐威爾其實都道出了某些真理。每當我們在想像未來的某項可能性時，都會將這些畫面編碼到記憶中。每段記憶被創造後，大腦就會把它連結到早前記憶的神經網路中。只不過，新記憶的形成就像即興表演一樣，其內容會因時間、演員和情境而異。所以，就算有共同經歷的兩個人，也會產生不同的回憶。不只如此，跟個人、細微情感有關的記憶更容易出錯。

羅切斯特大學的大腦和認知科學教授雅各布斯（Robert Jacobs）表示：

把某件事物放在記憶中，就好像在向未來的自己傳送訊息。然而，該資料庫的容量有限，因此無法完整傳輸所有細節。結果，往後你想回顧某項訊息時，就會與當初存入的內容有所出入。所以每個人都會記錯事情。

雅各布斯認為，記憶就是一種溝通管道，而這種機制一定會發生故障。正如我們往往只記得某項經歷的重點，但大腦會自動填充細節。上個月我去車行試乘謝爾比野馬跑車，但忘記那是手排還是自排車？雅各布斯說，這時我就會「用最常見的特性來填補缺失的細節」。

雖然我不大確定，但我想這種經典名車都不會是自排的，所以那輛野馬一定是手排的。

在反烏托邦小說《奔向天堂》（*Rushing to Paradise*）裡，作者巴拉德（J. G. Ballard）寫道：「對於未來迫在眉睫的危機，所有人好像一同罹患健忘症……完全不想面對。」對於全球暖化所帶來的威脅，我們就是這麼面對的。

CHAPTER

4

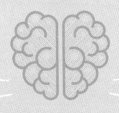

讓初戀無限美的情節記憶

THE COMPLETE GUIDE TO

MEMORY

語意記憶隨時都準備工作。當你跟朋友聊起義大利美食，你以前建立起的相關大腦迴路便會啟動，連結上你以前享用過的美食、造訪過的餐館和義大利之行等。也就是說，你是在存取自己的義大利美食資料庫。

如果你以前吃過的義大利美食很多，那你們的談話內容就會很精彩，而你大腦中的相關區域都會非常活躍。視覺皮質會讓你看見燉牛肉，嗅球則令你聞到、品嚐到它。這一切都取決於你過去的經驗以及你跟朋友的交情。

情節記憶（episodic memory）是某項具體且可供回憶的經歷。例如，你人生第一次造訪米其林三星的義大利餐廳。一定會記得很清楚。請記住，情節記憶和語意記憶都屬於長期記憶。

透過外在與內在的對話、以及中央執行（central executive）的視覺與空間訊息，工作記憶就會進入長期記憶。請看下頁圖四之一，稍後我們會有更詳細的解釋。

下面有幾個例子，用來顯示運作中的大腦如何使用各種的記憶。

詞彙、語法和發音的學習都涉及情景和內隱記憶（implicit memory）。老師藉由一系列的課程來傳授基本知識，而你將這些單字和句子儲存在情節記憶中。日漸進步後，大

圖四之一

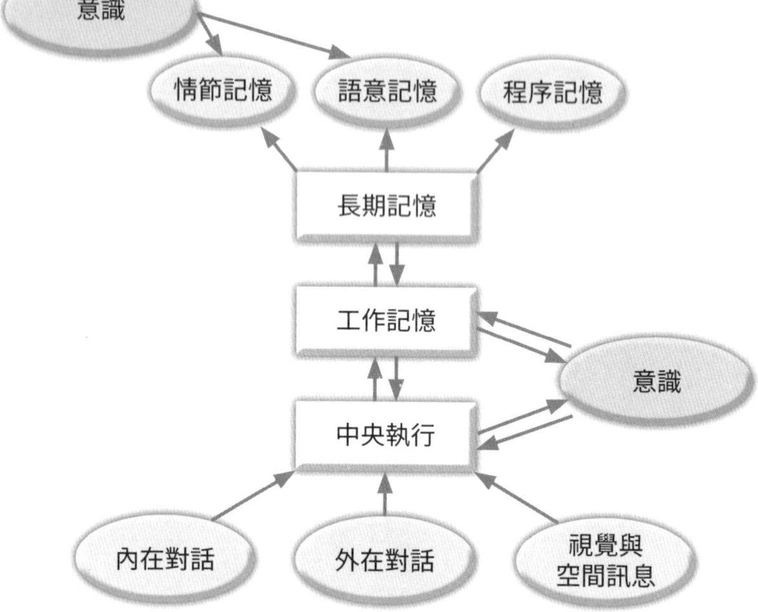

腦會將你學到的東西連結到其他記憶。並儲存在語意記憶裡。

練習發音跟對話時，相關的關節、肌肉都會形成特定的形狀。如果你從小就開始學法語，喉嚨的肌肉就會配合其發聲模式。因此，你就能不帶口音地說法語，而肌肉的運動產生了程序記憶。除了語言本身，我們還會形成跟此文化有關的社會互動（如手勢、口氣）。我們會觀察與模仿自己所遇到的該母語使用者，並把這些互動模式儲存在內隱記憶中。

回想一下，你去學法語的最初幾堂課一定印象很深刻（若遇到有魅力的老師會更難忘），所以在你的情節記憶中特別突出。隨著課程的進行，當你開始學習片語和文法後，就不太能記住每一堂課程的上課內容，而後者都儲存在語意記憶中。

等到你的法語變流利後，對話時就不用再一字一句去思考，而是由程序記憶來負責。但是，若你遇到法國文學大師，就會變得猶豫不決，在語意記憶和程序記憶之間猶疑，怕自己說錯話。事實上，憑藉自己習慣而熟練的方式去對話，表現會更加出色。

在前面提到的「二十個問題」遊戲中，各個記憶系統會合作或發生衝突。「誰是美國第十六任總統？」答案是林肯。即使你知道答案，也不太可能記得當初是在哪裡學到這個知識（這涉及情節記憶，除非那天你的學校被燒毀，或發生其他令你情緒激動的情況）。這個答案儲存在你的語意記憶中，也就是皮質的語意儲存區，而你回答時，這個答案就從前者轉移到情節記憶的中心海馬迴。語意記憶和情節記憶的相互作用就像是動態網路，各項訊息在皮質和海馬迴之間傳遞。

回答問題後，「林肯」會從海馬迴送回位皮質的語意記憶區儲存，直到某個人又問你美國第十六任總統是誰，又或者有某些緣故令你想到他。

情節記憶脆弱又容易出錯，所以我們也心知肚明，有些事情自己也不敢保證沒記錯，所以常常帶著不確定感和焦慮感來回應他人的提問。這時該怎麼辦？

若不確定某段情節記憶是否可靠，那就乾脆按照自己的直覺作答，這樣成功機率還比較高。原因何在？某些經歷在情節記憶中沒有儲存得很完整，所以無法成為清晰而可信的訊息，而只能成為一種「預感」。所以，隨它去吧！按照直覺比胡亂猜測要好得多。

做選擇題時，老師都會再三提醒「不要亂猜」，但如你對於其中一個答案「有感覺」，請選擇它，無須再用游移不定來折磨自己。

情境式記憶法

要記住事情，注意力和深入思考非常重要。舉例來說，要記住某個少見的成語，最好知道它的起源以及含意，並在心裡形塑出畫面。死背默記是最沒效的方法，而對它進行圖像式思考，還可讓許多大腦結構活動一下。

透過磁振造影的技術，研究人員發現兩種方法的差異。做圖像式記憶法時，與記憶相關的區域如海馬迴和內側顳葉，活動程度會比較高；這正是所謂的深層處理。而死背就是淺層處理（superficial processing），過程中腦部活動沒那麼多。

研究顯示，讓大腦進行高強度的活動，我們才比較能記住事情。研究人員請受試者背誦一組名詞。遇到容易被記住的字時，受試者的內側顳葉就比較活躍。普遍來說，腦部活動量越大，儲存效率就越高。

若能喚起當初記住某事物時的情境，就會更容易想起它。背景音樂會影響記憶能力。所以，若你在背單字時喜歡聽爵士樂，那複習時打開音響，就更能想起那些內容。

針對這項原則，有個實驗非常有趣，研究人員找來一群潛水玩家並分成兩組，各自在水裡與陸上背誦四十個名詞，幾分鐘後要進行測驗。結果發現，陸地組在陸上答題的成績較好、在水中作答的成績較差；水中組則是反過來。

接下來，研究人員設計了更簡單的實驗法：一群人站著背單字，另一群人坐著背。結果還是一樣，站著背的人站著答成績較好，坐著背的人也最好坐著答。

縮寫記憶法

最簡單和常見的記憶法，就是把你想記住的事情濃縮為金句。

就讀醫學院時，我創作了一首打油詩來記住了十二對顱神經：

On Old Olympic's Towering Tops A Finn And German Viet At Hops。（在古老奧林匹克的塔樓頂端，有一個芬蘭人和德國人在進行單腳競賽。）

這十二個字的第一個字母，分別對應十二對顱神經的第一個字母：

olfactory（嗅神經）、optic（視神經）、oculomotor（動眼神經）、trochlear（滑車神經）、trigeminal（三叉神經）、abducens（外旋神經）、facial（顏面神經）、auditory（前庭耳蝸神經）、glossopharyngeal（舌咽神經）、vagus（迷走神經）、accessory（副神經）、hypoglossal（舌下神經）

這就是「首字母縮寫」的技巧，用每個單詞的第一個字母來代表你要記住的事情。

也有更簡單的版本，例如明日巨星合唱團的名曲ROY G BIV，就是分別代表彩虹裡的七個顏色：red（紅色）、orange（橙色）、yellow（黃色）、green（綠色）、blue（藍色）、indigo（靛色）和violet（紫色）。

但最有效的方法還是濃縮成金句或小曲，不管是用背的或唱的，大腦都會更快記住訊息。因此，為了啟發大家的想像力，老師、公司或廣告業者都會用有趣的縮寫句來傳遞資訊。

例如：

My Very Eager Mother Just Sent Us Nuts.（我那非常熱心的母親剛剛寄了堅果給我們。）

這句話代表：

Mercury（水星）、Venus（金星）、Earth（地球）、Mars（火星）、Jupiter（木星）、Saturn（土星）、Uranus（天王星）、和Neptune（海王星）。

這種方法可以培養優越的記憶力，是因為它有助於形成、強化與啟動神經迴路。大腦迴路並非獨自運作，而是與語言和文字相關聯。如果你想到「貓」，就會啟動你對貓的感受以及相關的大腦迴路，包括對貓毛過敏、百老匯戲劇《貓》以及相關的個人經歷。心理學家將此過程稱之為「知識的統合」（unity of knowledge）。

我們在第二章提到記憶劇場的發明者卡米洛，他的論述最能說明知識的統合：「藉由位置和畫面，就可以將人類所有的概念和全世界的事物都收入心靈，並加以運用。」

知識的統合是非常重要的心理能力，有它才能啟動廣泛、相互關聯的記憶迴路。而這就是心智圖的基礎，它能幫助我們想起突然忘記的事情。而大腦中心智圖的連結點就像大腦中的結點，每個詞彙因此能有各種延伸，如同「貓咪」一詞所喚起的回憶。

大螢幕比較有助於吸收資訊

想形成清晰的心像，就要設法區分它們，才不會相互重疊。例如，平板電腦的畫面內容與桌上型的大螢幕相同，但這些影像傳送到你的腦袋時，卻有著巨大的差異。

為了證明這一點，研究人員找來受試者在電腦上辨識圖形的重複模式。使用大螢幕的話，受試者的記憶力提升了百分之兩百到三百。而使用小型螢幕的受試者只能採取簡單而有限的答題策略。透過大螢幕，受試者才能運用高階思維，展現清晰而全面的洞察力，並記住出現過的圖形樣式。

有了大螢幕，我們才能快速搜尋資訊，並儲存在記憶中。用小螢幕的話，視覺焦距變窄，能吸收的資訊就少得多。就好像我們用高畫素的相機才能拍到更廣的畫面與更多的細節。

除此之外，當資訊分別顯示在多個螢幕上，受試者的記憶力也會提升百分之五十六。為了看到各個影像，受試者會自然地轉動身體、頭部和移動眼睛，而這就是本體感覺（proprioception）在發揮作用，即感官會將身體在空間中的位置傳送回大腦。本體感覺還會記錄身體的運動過程，如眼球的轉動會形成一連串的視覺體驗與訊息。

相較之下，不動地坐在單一螢幕前，受試者的眼球就不會四處轉動，而身體也很久沒有移動。《在大腦外思考》的作者安妮．墨菲．保羅（Annie Murphy Paul）說：「使用小螢幕會加速我們心智能力的枯竭。」

電腦螢幕大小與記憶力的關聯，其研究最早可以追溯到希臘時期的學習觀：心像要廣闊，才能看到更多的細節。因此，使用小螢幕時會錯過許多細節。在操作本書所提供的各項練習時，一定要用大螢幕。為了發揮想像力，你也可以假想自己的內心有台大螢幕，除了呈現你要記住的事物，也留意可能會忽視的細節。

額葉到二十五歲才成熟

英國神經科學家高爾斯爵士（Sir William Gowers）說：「老師若不願重複講解內容，就是在逃避他最重要的工作職責。而不喜歡重複聆聽教學的學生，就是欠缺了最基本的學習能力。」

因此，接下來我們要複習前面提到的概念。

編碼是自主性回溯記憶的基礎；沒有編碼，就不可能回溯記憶。所有的編碼最初都是某個情節、場景或發生在你身上的事情。若回溯這個情節的次數夠多，那麼它就會被轉移到語意記憶（變成某個事實），或成為程序記憶（變成某個習慣或技能）。工作記憶一開始要維持和操作訊息，直到後者被轉換為某個長期記憶（情節記憶、語意記憶或程序記憶）。

前面圖四之一顯示出它們之間的關係。

先從從訊息輸入開始看起，我們想把它儲存在記憶庫中。這包含了兩種言語訊息：你所聽到的外在對話、以及你對自己重複述說的內在對話。另一項訊息輸入包含視覺與空間訊息。訊息輸入後都會傳到大腦的中央執行，並由後者加以監管與操作。之後，訊息便被傳送至工作記憶。

中央執行實際上所進行的工作取決於你，因為是你在決定要如何建構進入大腦的訊息。而本書所推薦的記憶法，都牽涉到一項有意識的決定，也就是選擇該項記憶法來練習。中央執行與工作記憶之間的訊息傳遞乃是雙向進行的。

中央執行、工作記憶和長期記憶的相互作用產生了意識，而工作記憶扮演最重要的角色。多倫多大學的心理學教授喬丹斯（Steve Joordens）認為：「意識就是在工作記憶中所發生的事情。」

情節記憶與意識的連結最明顯，這牽涉到回想起人生中的情景，因此也可稱為自傳式記憶。而工作記憶是一個系統，運作時，你有意識地去經驗到各個事件。因此，「記憶不僅對個人的認同至關重要，而它也構成了有意識經驗的基礎」。這段話請再讀一遍，因為它是本書的關鍵句。不用多說，你知道增強工作記憶的重要性了吧？

熟悉感（遇到某人或經歷某事的感覺）的強弱可當作各類記憶的不同之處，它們構成了這些記憶的基礎。幾分鐘前發生的事是屬於短期記憶；持續保留在意識中的事物就是工作記憶；而上星期發生的事或遙遠的往事則存在長期記憶中。缺乏這種熟悉又溫暖的感覺，回憶便容易出錯，我們將在第五章繼續討論。

熟悉感也構成了直覺的基礎。心理學家赫伯特．西蒙（Herbert Simon）指出：「直覺就是認知。」但它不是在意識層面上運作。

記憶如何變得完整？再次看看記憶、大腦運作、語言與行為的交互影響。

內隱記憶和程序記憶（這兩者非常相似，也可歸為同一類）是人類最早發展出的記憶。嬰兒會指著乳房或奶瓶，是出於他尚未成熟的神經迴路，這有點像程序記憶。不過大腦這時還無法形成記憶，所以這個行為是起於皮質下的運動中樞區。運動能力比較早發展，而語言、自我認同和記憶皆尚未開始運作。

大腦接下來的發展，分別發生在大腦的左右兩側與前後方：

1. 負責視覺和影像記憶的枕葉會產生圖像記憶（iconic memory）。
2. 在耳朵的位置，沿著大腦兩側的顳葉，負責協調各種聲音並形成回聲記憶（echolalic memory）。
3. 顳葉上方和枕葉前方的頂葉，處理身體和周圍物體的空間訊息。

這些腦部區域的發展還不會產生自我認同感或意識，後者是產生情節記憶和語意記憶的兩大必要條件。等到額葉開始成長，這兩種記憶才會開始發展，自此我們就與地球上其他生物有所不同。

隨著額葉的發展，我們才能制定決策、執行有目的的行為、使用語言，並運用情節記憶與語意記憶等功能。到了二十多歲時，額葉才會發展完成。

這些大腦區域一開始都是各自運作，隨著情節記憶和語意記憶成熟後，才會相互影響。

隨著大腦的成熟，記憶力的演變從最簡單的內隱記憶和程序記憶，一直發展到最複雜的情節記憶和語意記憶。建立完成後，整個記憶系統就會伴我們一生。

CHAPTER

5

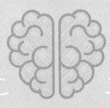

記憶力的死對頭

THE COMPLETE GUIDE TO

MEMORY

記憶喪失或被扭曲的阻礙很多，以下有十個特別突出的例子，包括由神經科學家夏克特（Daniel Schacter）所提出的「記憶七罪」：心不在焉（absent-mindedness）、稍縱即逝（transience）、空白（blocking）、錯置（misattribution）、自我暗示（suggestibility）、偏差（bias）和陰魂不散（persistence）。

心不在焉

這就是欠缺專注力。比方說，下班回到家後我才發現牛奶瓶空了，因為吃完早餐後，我想都不想就將空瓶放回冰箱。心不在焉有時會釀成大禍。

馬友友有次搭計程車出門，下車後，就忘了帶走後車廂裡那把價值上千萬的大提琴。最終在司機和警察的幫忙下，他順利找回了大提琴。

稍縱即逝

你現在能想起昨晚的晚餐菜色，但上週末的晚餐應該就想不起來了。稍縱即逝和心不在焉都跟大腦的運作有關。隨著時間的流逝，記憶的清晰度會從高轉向低，就像拍立得照片一樣。日子久了，大腦的神經元會切斷某些記憶的迴路，以減輕負擔。但只要你刻意地不斷回想，就能保留那些記憶。許多醫療單位都會用往事回憶法來幫助記憶力退化的老年人。治療師會選擇一個特定的年份，並請患者一同回想那一年發生過的事情，比方總統是誰、NBA冠軍是哪一隊、世界大事等。

空白

精神分析師發現，心理創傷會帶來極大的負面情緒，所以當事人會將那些創傷與情緒阻擋在意識範圍以外。既然他沒有意識到自己所經歷的事情，那也就不會記得，而是保留在潛意識中。

但我們要談的不是這種負面且令人焦慮和痛苦的情況。而是你會在意想不到的情境中要記住一些事情。例如，你在逛街時遇到同事，理論上你應該很快能叫出他的名字，但你在腦袋裡瘋狂搜尋他的名字，卻怎麼也想不起來。佛洛伊德認為，這代表你暗自討厭那位同事與他的某些作為。但我不這麼認為。

英國哲學家約翰・彌爾（John Stuart Mill）用常識來解釋這種情況：「人名本身沒有

意義，只是用來標記當事人。你從人名看不出也猜不到當事人的屬性。」世上所有的瑪麗也可以改叫珍或莎莉。因此，沒有萬無一失的方法可以讓你記住所有熟人的名字。名字欠缺內涵，所以大家常會忘記。許多人去看醫生，都是在抱怨記不起其他人的名字。不過只要多練習本書所提供的記憶法，情況就會所有改善。

錯置

比起前面的情況，記錯事情更令人感到困擾。我們有時會記起不曾發生過的事情或混淆了資訊的來源。更嚴重的是，我們會反覆追憶自己根本不想面對的事情。你還記得，九一一恐怖攻擊或二〇二一年的國會大廈襲擊事件發生時，自己身在哪裡、正在做什麼？你的回憶真的不會錯嗎？不要太有自信。你很可能在無意中出現夏克特所謂的來源失憶症（source amnesia）。

夏克特指出：「我們可以正確地想起某件事，也能辨識出以前見過的人或物品，但卻搞錯了消息來源。這就是來源失憶症。」每個人都經歷過這種情況，跟朋友講完笑話後，對方卻咯咯笑地回答：「這笑話是我跟你說的。」顯然地，你並不記得這件事了。大多數人都只能記得聊天的內容，卻忘記是誰說的。在某項實驗中，受試者要觀看自己的親友照片，但大多記錯與他人相遇的時間和地點。

偏差與自我暗示

用錯誤的前提來改變自己的記憶就是偏差。舉例來說，人們常以為自己一路走來始終如一，現在擁有的信念從來沒有變過。長期下來，這種偏差就會扭曲回憶的內容。

我有位朋友以前是川普的鐵粉（但如今幻想破滅）。有天他在聚餐時對一大群人發表高見，他認為，今時今日的政治問題都肇始於雷根。我們聽到後都笑了，也忍不住要提醒他，他可是雷根的粉絲，還會自豪地展示了當年他與雷根的合照。這位朋友回想了一下，才發現因為自己不再支持雷根，便錯認他以前也是如此。

此外，許多人也會用回憶來提升自我的感覺，也就是愛提當年勇。這是因為我們會以當下對自己的態度與認知，去重構記憶。事實上，我們口中過去的模樣其實是當下想法的投射。

為了理解這個現象，研究人員琳達・萊文（Linda Levine）以辛普森殺妻案來觀察受試者的反應。得知辛普森獲得無罪釋放後，有些人驚訝、生氣，但也有一些人感到欣喜。五年後，萊文又對同一群人提出同樣的問題，但不少人的反應與感受都與當年不一樣。有些人非常痛恨法官與辛普森，並相信自己多年來都是抱持一樣的看法。事實上，大多數的受試者都不知道自己以前的立場是相反的。有興趣的讀者可以參閱萊文的論文〈你記得以前的心情嗎？──當下評估的作用〉（Remembering Past Emotions: the Role of Current Appraisals）。

夏克特還提到另一項研究。研究人員找來一群大學生，請他們列出理想伴侶的個人特質（如誠實、聰明），並評估自己對伴侶的感情有多深。兩週後，研究人員請他們回想自己當初寫的答案，結果大多記錯了，而改變後的說法其實是更接近當下的心情。

由此可知，人的確會因當下的心情而誘導自己去改變回憶。同樣的測試用在伴侶身上也一樣。研究人員找來感情變好或變壞的伴侶，請他們回顧三年前對彼此的感覺。只有五分之一的人能準確想起當年的心情。這個實驗不是要證明伴侶相處久了感情就會有所變化，而是根本就忘了當初的心情。

至於自我暗示，就是把從外部得到的資訊（如權威人士、書籍和媒體）當作自己的回憶。

陰魂不散

大腦較能記住損失和挫敗，而不是正面的經驗。如果你喜歡表演魔術（像我一樣），一定會清楚記得自己表演穿幫的那些時刻。雖然你表演成功無數次，但在你的記憶中卻是一片模糊；你不記得在場有多少人，也不記得是在哪裡演出的。但只要有一次的失誤，它就會鉅細靡遺地留在你的記憶中，包括每個觀眾的失望表情。

創傷後壓力症候群就是陰魂不散的回憶所造成的。最常見的創傷後壓力症候群是來自於車禍，這種驚悚的記憶很難消失：衝擊的瞬間、破碎的玻璃以及頸部和背部的劇烈疼痛。你越是沮喪、越是回憶和擔憂，痛苦的記憶就越清晰。這種執念會對記憶產生強大的影響，它就像關不掉的警報器，以提醒自己，要時時留意會威脅到生命安全的大小事件。

不過微小的壓力也會造成微小的執念，比如說一聽到洗腦的歌曲，想忘都忘不掉。但只要注意力被其他事情所吸引，這種小執念就會自動消失。

執念跟位於邊緣系統的杏仁核有關，而後者負責處理情緒，所以憂鬱症的患者有許多放不下的想法。研究人員發現，受試者看到車禍的屍體照片時，杏仁核會被強烈啟動，而且只要回想起那些照片，也會出現不愉快的感覺。而這正是本書要強調的重點：只要創造畫面並時時想起它，就能改變記憶以及對現實的觀感，還能形塑自己的個性。

除了前述七大罪之外，還有三個我自己提出的記憶障礙。

手機上癮

高科技讓我們有超強的記憶裝置，但也阻礙了記憶力的發展。錄音機、錄影機和相機就像是大腦的外掛裝置，而且攜帶方便，可儲存海量的資訊。雖然這些裝備好處多多，但我們的記憶力也會變遲鈍。所以我們得多動動腦，以建立更多的大腦迴路，讓海馬迴等大腦結構能發揮作用。

分心

今時今日，記憶力的最大阻礙就是分心。事實上，我們正活在一個分心的時代。新聞畫面上有主播、有畫面又有跑馬燈訊息，令人難以專心吸收資訊，更會減低記憶力。唯有心無旁騖、全神貫注，學習效果才會好。

只要一分心，工作記憶就會有缺口，不管是對兒童和成人都有負面影響。注意力不足過動症是這個時代最常見的身心問題，甚至不被當成疾病了。不過，這些患者都有閱讀障礙的問題，也一樣是工作記憶失靈。

憂鬱

記憶的最後一個敵人是憂鬱。有這方問題的人時常心情悲痛、話少又逃避社交，事實上這些都是記憶力下降的徵兆。若你請他們回想某事，通常都會被拒絕。透過神經心理學的測驗，他們這方面的問題會更明顯。

研究人員會唸出五個字詞，受試者得專心聆聽，並大聲複誦。五分鐘後，他們得再次說出這些字詞：

1. 臉
2. 天鵝絨
3. 教堂
4. 雛菊
5. 紅色

一般來說，憂鬱的人要花更久的時間才能記住它們，而且還要多複誦幾次才行。即使如此，五分鐘後，他們還是沒辦法記住全部的字詞。雖然憂鬱會連帶引起記憶失靈，但透過藥物、心理諮商成功治癒後，記憶力也會恢復了。

遺忘的好處

到目前為止，我們談論很多「記憶」，但卻沒有談到「遺忘」。本章稍後將提到，擁有無限的記憶也很可怕，大多數人都不會接受。那麼，當我們忘記事情時，大腦中發生了什麼事？

每個神經細胞的外膜上都有許多樹突，這些刺狀物會隨著記憶的建立而數量倍增，並隨著遺忘而收縮或變稀疏。所有動物都有這種狀況，從蒼蠅到人類。這種分子平衡涉及兩種機制：一個用於記憶，另一個用於遺忘。如果樹突沒有收縮或變少，動物就無法用新的記憶來取代舊記憶。在迷宮中找尋出路的老鼠，也無法找出各種替代路徑。舊記憶不動的話，動物就無法用新記憶求生存。

大家都會覺得遺忘是缺點，想不起事情的時候，還會責怪自己。我們還會害怕，記憶力衰退是阿茲海默症的前兆。這種恐懼是毫無根據的，隨著年齡增長，正常人難免都會有失憶、失神的時候。這不是心智衰退的跡象，而是大腦多年來接受和處理過量的資訊，偶爾會當機。

有一派神經科學家認為，老年人記憶力衰退，是為了保住一些特定的回憶，所以得篩選不斷湧入的資訊量。因此，他們搜尋記憶資料庫的時間會更長，還常常找不到。也就是說，偶爾想不起事情並不是大腦退化，而是年齡增長的必然現象。因此，老年人經常用來挖苦年輕小伙子的話，或許還真的有點道理：「我忘記的東西比你所知道的還要更多。」

《遺忘本能》的作者、精神病學家史摩（Scott Small）談到「忘記」的好處：

無論生活多麼一成不變，唯有不斷更新現有的記憶庫，才能適應快速改變的世界。想要居家大改造的話，就得先拆除現有的裝潢。同樣地，科學家已經證實，為了適應環境變化、展現行為彈性（behavioral flexibility），大腦就必須在記憶和主動遺忘間取得平衡。

「遺忘」不會一次到位，而是會一點一滴的消失，而最先忘掉的就是細節。隨著時間的流逝，你會遺忘所有細節，但那件事不會從你的心智雷達中完全消失，只是會逐漸淡去，就像古老的拍立得照片一樣，從鮮明到褪色，最後只剩模糊的灰色輪廓。儘管如此，照片中的人物或物品仍然在，只是失去了色彩。

從記憶到遺忘的過程通常很緩慢，而且總是斷斷續續的。拍照時，如果有人跟我交談，那麼我對這張照片的記憶絕對會更加深刻。只不過，跟照片不一樣，對於同一個事件，大家的回憶會有所分歧，特別是在瑣碎的事情上。

隨著歲月的流逝，當事人的記憶會有所不同，因為事件發生時現場有許多要素，而他們對這些要素的感受也不同。有時多問幾個在現場的當事人，就可以化解這種分歧。但後面我們會提到，若當事人採信了錯誤的訊息，或受到「煤氣燈效應」所操控，那他的記憶就會被汙染。此外，被遺忘的事情，只要透過仔細的提問就可以找回來，比如在法庭上會用到的交叉質詢技巧。

但有些事情是真的忘記了，無論使用什麼方法都想不起來。但我們總會期待，只要有適當情境或提示，就能找回那難以捉摸的記憶。例如，許多人會夢到多年來從未想起過的人、事、物。可想而知，這些記憶仍舊完好無損，但不知為何，直到做夢時才會出現。

這裡有條簡單的原則；如果某段記憶內的各項訊息不再適用於任何目的，那麼它就不太可能被回想起來。

舉例來說，如果你經常旅行，就不太可能記得所有住過房間的號碼。如果有線索的話，你可能會記起一些，比如門牌設計很特別的飯店。如果你忘光了也沒關係，事實上，有些飯店你多年來只造訪一次，所以房間號碼這種細節就沒有用處了。因為你的大腦從未主動將這項訊息從短期記憶轉移到長期記憶，所以你離開飯店不久後，就會忘記那房間的號碼。

大腦按照實用原則在運作，所以只會記得重要的事情，小事情則會自動被遺忘。這個功能實在很有意義。

無法忘記事情的人

記住下榻過飯店的房間號碼，或忘不了看過的每個電話號碼，這一定是極大的負擔，而不是好事。俄羅斯神經心理學家魯利亞（Aleksander Luria）在他著作《記憶術師的心智》（*The Mind of a Mnemonist*）中，有提到一個特別的例子。

一九二九年四月的某天下午，一名新聞記者到莫斯科的共產主義教育學院接受記憶測試。他的記憶力非常驚人，令他的編輯同事難以置信。他能記下無數具體而瑣碎的細節，所以他寫的報導就像資料庫一樣，有無數的人名、人物的服裝與外觀、街道地址、電話號碼等。不過，編輯從未看過這位記者做筆記，也從未有所疏漏。

所以那位記者被帶到魯利亞的診所。魯利亞被公認是神經心理學的始祖，這是心理學的分支，專門研究大腦的活動。

這位記者叫做舍雷舍夫斯基（D. Shereshevskii），魯利亞在書上簡稱為「艾斯」。他所展現出的記憶力，超出了魯利亞以往研究過的對象。艾斯可以記住冗長的單詞和數字串，甚至幾天後也不會忘記。

就算字詞變多或數字增加，艾斯的表現還是一樣穩定，犯錯率也很低。十六年後，魯利亞請艾斯回來接受測試，他依然可以準確而不猶豫地背出當年記下的五十個字詞。

魯利亞在他書中寫道：「我不得不承認，他的記憶力沒有上限。」。《記憶術師的心智》是經典之作，世人因此才知道，有些人的情節記憶（能記下看過的人事物）無可限量。相對於此，有了語意記憶，我們才能吸收知識（例如鯨魚是在海中生活）。

二〇一七年，主修俄語並在記憶研究實驗室工作的里德·強森（Reed Johnson）找到了艾斯在紐約的親戚。這位親戚認為，艾斯的超強記憶力並非憑空而來：

> 對他來說，記憶力要靠努力、創造力和才華才會完美。所以，他不像是一個攝影師捕捉畫面，反倒像藝術家一樣拿記憶當成創作題材，包括加上各種色彩，創造出只

有他才能看到的樣貌。相對於他的非凡表現，平凡人雖然有很多事情要記，但也自動地忘記許多事。

與他的編輯商量過後，艾斯決定開啟他的巡迴表演生涯。他生性內向又害羞，於是聘請了馬戲團教練作為他的經理和培訓助理。為了學習如何取悅觀眾，他還接受一位雜耍藝人的指導。

多年來，魯利亞定期會見這位患者。魯利亞發現，艾斯使用了三種步驟來增強記憶力。首先，他形塑出畫面來記住一大堆字詞，甚至是毫無意義的名詞也可以。關鍵就在於畫面要豐富又生動。

第二種步驟是創作跟那個畫面有關的故事，不管多麼奇幻或荒謬都可以。第三，他把這些畫面融入他在莫斯科最的熟悉地點，例如他經常路過的街道。最後，艾斯的聯覺力非常驚人。

有一次，艾斯對魯利亞說：「你說話聲音是易碎的黃色。」魯利亞問艾斯，他如何用附近的柵欄作為記憶點，艾斯便說道：「柵欄的表面很粗糙，嚐起來帶有鹹味。此外，它有尖銳又刺耳的聲音。」簡而言之，艾斯形塑了生動的畫面，以便轉譯成他試圖記住的字詞，並用上其他感官如味覺、嗅覺、聽覺來增加印象。

艾斯的超強記憶力如此優異，但從長遠來看其實是負擔。艾斯的腦袋超載了，他記下許多平凡又無用的資訊（數字和單字串），因此談話時「充滿了瑣碎的細節和無關緊要的事物」。儘管艾斯記憶力超級強大，但他的生活不快樂也沒什麼成就。艾斯被自己的記憶所折磨，他試著寫下來，然後燒毀它們，但這都無濟於事。在絕望中，他開始酗酒，最後於一九五八年死於相關的併發症。

艾斯窮盡一生去展現他的才華，但記憶力壓過了其他的心智功能，因此侷限了他的生涯發展。簡而言之，艾斯帶給我們的教訓是：沒有人想記住人生遇到的所有事。事實證明，遺忘和記住一樣重要。幸運的是，為了維持心理健康，大腦會拋棄無用的資訊，所以我們才能記住重要的事情。

大腦喜歡熟悉感

在選舉期間，電視上連番轟炸的廣告以及路上的看板都會令人厭倦，不過這些侵入性的資訊，就是要讓你不得不認識那位候選人。研究顯示，選民比較會把票投給曝光度最高的候選人。當然這一招也有限度，無論候選人投入多少宣傳資源，保守派的選民還是不太可能投給進步派的候選人。然而，有一件事情是肯定的，選民若不斷看到某位政治人物的名字，就會更熟悉他所傳達的訊息。多倫多大學的心理學教授史蒂夫・喬丹斯（Steve Joordens）在一次演講中說到：

候選人讓自己的名字處處可見，希望選民能受到吸引而最終把票投給他。不過，只是看到名字真的有用嗎？事實上，候選人根本不在乎你對他的名字有什麼聯想，只是要讓這個名字成為你所熟悉的意象，讓它在你的腦海中越來越鮮明。最後，你會覺得這個人的名字親切又好唸，並因此認定他們最適合當議員。

反覆體驗到某件事，就會更容易認出它；神經心理學家稱此為知覺流暢性（perceptual fluency）。越常在社交場合看到某個人，就越容易認出他。如果只是久久才碰到一次面，就會出現令人尷尬的場面。就像有時我們會在公車上碰到以前的老同事，卻以為對方是自己的高中同學。

神經心理學家用實驗來測驗熟悉感。他們把某個容易辨識的字詞放入有三十個字詞的列表中，看看受試者會不覺得自己以前見過這個字詞。基於某些原因，只要這個字詞印得比較清晰，受試者就會以為自己看過它。大腦的確感受到這個字詞有些不同，不知道是因為它在視覺上比較清晰，因此誤以為自己見過那個字詞。

研究人員接著請受試者選出「喜歡」以及「不喜歡」的字詞。大部分的受試者會喜歡以前見過的字詞，且不喜歡的新字詞。雖然沒有明確的理由，但這就是熟悉度。研究人員還事先告知受試者，有些字詞在螢幕上出現較久、有些較短。但無論如何，受試者還是會認為，螢幕上出現過一次的字詞自己以前看過了。實際上，所有字詞的呈現時間都相同，所以這是一個「假」實驗。由此可知，大腦還是最喜歡熟悉的人事物。

熟悉感大多奠基於無意識間常常接觸到的人事物，所以我們無法有意識地去回想起它們，但它們會不斷在我們心裡中產生強大且意想不到的影響力。透過大量的研究成果，我可以合理地勸告讀者，不要再有那麼明確的二分法。有些人以為自己能想起過去所有的事情，或至少能努力挖掘出一些線索。有些人則以為只要事情一忘記，無論做什麼努力都無法挽回。

相反地，我們所記得的事情比自己所意識的還多，而且無意識的記憶還會產生強大而意想不到的影響力。其實那些模模糊糊的過往，還繼續存在於腦袋裡。

臉盲症：「我認識你嗎？」

藉由自我探索，就能知道記憶在哪裡會出錯。我們先來討論某些記憶缺陷。

十年前，我住在一個鄰里間互動頻繁的社區，每個人都認識彼此。有個鄰居的孩子常和我的孩子們一同玩耍，但遇到我時，她的表情都很冷漠。有段時間天氣變冷了，於是我冒昧地問她：「一切都好嗎？」她鬆了一口氣，然後回答說：「希望下次遇到你也能認得我。」她有發現，之前每次相遇時，我都會等對方先招呼，才會有所回應。而且我的言行舉止並不熱絡。我向她道歉，雖然我沒有信心下次再見到她時會表現得好一點。

我一生中經歷過很多次類似的情境，我常常認不出認識的人，或太晚想起對方是誰。這種令人尷尬的臉盲症我十幾年前就有了。

幾年前我去參加聖誕派對。過程中，主辦人對我說：「花點時間和法官談談。」但我不知道她指的人究竟是誰。我在人群中周旋，只有跟兩、三位賓客交談。一個小時後，我跟一位外表迷人的女性聊了起來。她簡單地說自己叫做桑德拉；我好像在電視以及報章雜誌上見過她。

談了一陣子後，我想起主辦人的提醒，所以問桑德拉，在場是否有位法官？沒過多久，我才發現跟我交談的女性就是最高法院法官桑德拉．戴．奧康納（Sandra Day O'Connor）。我為何這麼晚才想起她是誰？這跟我對於「法官」的理解有關係。

我以前都與男性法官打交道，所以我到現場時，沒有預期會遇到女法官。在無意識中，我掉入了性別歧視的陷阱，所以在掃視會場時，認定「法官」就是現場某位體面的男性，但就是找不到。因此，我才沒有意識到奧康納法官在場。

我最後發現法官是誰，因為我感覺到當前的交談對象應該是名人。而且我想起主辦人有提醒我，要去找法官聊聊。當我問對方是否認識在場有位法官時，我突然有種難以言喻的壞預感。最終我回想起來，在報紙和電視上看過她，所以想起了她的全名。

許多人都有臉盲症的困擾，但問題或大或小。每五十個人中就有一人有這種問題。不過，只要對方開口說話、做出某些動作又給出線索，你就能立刻認出她是誰。從我自己的經驗讓來看，這種困擾的確每個人都遇過一兩次。

在最嚴重的情況下，臉盲症的患者會被排擠和怨恨，因為旁人誤以為自己被他冷落了。結果，臉盲者的患者也會對身邊的人有敵意。

在最壞的情況下，患者甚至會認不出自己或近親。有位患者看到自己的結婚照時，如此說道：「當中有個人可能是我妻子，因為她的輪廓很像我太太……那麼另外一個人可能就是我。」另一位患者在妻子或女兒走近他時，根本認不出對方：「我猜妳是我太太，因為家裡面沒有其他女人。」

輕微的臉盲症自己很難察覺到，這是因為辨識他人還有許多其他方法：走路的姿勢、聲音、習慣穿著的服裝。我從未有機會聽到奧康納法官的聲音或觀察她的步態，所以只能依賴我對她在媒體上的印象。

從臉部辨識他人，這種能力在生活中非常重要，而這是由大腦右後半球中的梭狀回（fusiform gyrus）負責。臉盲症是由該區域受損所引起的。我對這種奇特的症狀很感興趣，它與大腦的損傷有關，也跟記憶有關。

研究人員請這些患者看一些名人的照片與名字，並透過皮膚電導觀察他們的身心反應。接著請他們對照片與名字做連連看，但答案並不理想，還不如瞎猜就好。名字和臉部配對的正確率來到百分之六十時，患者的皮膚電導反應最大。換言之，依據患者的答題成果，就知道他的臉部識別力是否正常。但是，皮膚電導不是絕對的標準。有些人的生理反應很明顯，但欠缺專注力和熟悉感，所以才會認不出別人。

讓我們來看某位藝術家的例子，她的大腦右半球受過傷，雖然無法辨認出他人的臉孔，但依舊能透過聲音去辨識他人。她在腦部受損前畫過不少肖像畫，只要從人物的年齡、性別、穿著和其他細節，還是能認出畫中的人物是誰。她認不出自己畫過的臉孔，也不了解腦傷對她帶來的影響，所以無法察覺和導正自己犯下的錯誤。

跟記憶一樣，既然有極度嚴重的臉盲症，也會有過度發達的超級識別者。據估計，有百分之二的人有極為優越的面部識別力。大多數人都在這兩個極端之間。

超級識別者只要看過個人檔案，就能記住每一張臉，即便當中有不同種族或血統的人，也不會減低其準確性。只要多用心，他們看到對方的眼睛就能認人。研究人員發現，一般人的面部識別力就像正面快照，而超級識別者可以從許多不同的角度拍攝。

研究者將電影明星的照片以及其三歲時的照片混合在一起，擺在超級識別者面前，後者果然能順利完成配對。

警政及國安單位當然需要這樣的人才。二〇一一年，倫敦等各個英國城市發生了騷亂，所以警方聘請了二十名超級識別者，並讓他們觀看數千段監視器畫面，負責辨識六百多名嫌疑人。

當中一位超級識別者辨認出了三分之一的暴徒，當中有些人還戴著頭巾、只露出眼睛而已。超級識別者最後成功達成任務，讓許多暴徒被關進監獄。

相較於此，警方的識別軟體只找出了一位暴徒，而且超級識別者也早已找到他了。儘管超級識別者並不完美，但他們的可靠表現還是超越了當前的電腦程式。

他人的反應也可以改變一般人對熟悉面孔的辨識結果。在一項著名的實驗中，研究人員說服某位受試者站在她父母所入住的飯店外面。這位父母以為女兒正在澳洲家裡，所以看到她時是驚訝又高興。但是為了實驗的目的，這位女兒不會回應父母的問候。她的父親在緊張不安下，否定自己的臉部識別力。「萬分抱歉。我把妳誤認成別人了。」他說完就離開了。

這個實驗實在不近人情，但足以說明，就算是認知能力正常的人，也會懷疑自己的辨識力，就連近親或朋友都不敢相認。遇到他人時，大腦會猜測對方最可能的身分，然後再從對方的表現去確認。如果對方沒有出現預期般的回應，你就會所有懷疑、困惑，甚至以為自己在做夢。

主觀的熟悉感很容易出錯，而臉盲症只是最戲劇化的一種症狀。

通常來說，我們能清楚辨別客觀事物和主觀認知的不同。十九世紀心理學家鐵欽納（Edward Titchener）說，遇到熟悉的人事物時，我們會感受到一份溫暖。可惜的是，這種溫暖會誤導我們，而他人也會在有意或無意間讓我們犯錯。這兩種錯誤的感受都會影響我們對人事物的熟悉感。

「我曾經來過這裡」

有時，我們第一次遇到某些人事物時，卻會產生一種熟悉感，也就是似曾相識的感覺。這裡要談的不是妄想或嚴重的精神障礙，而是對於新接觸的某地或某人有熟悉感。

顳葉癲癇的患者就常有「似曾相識」（déjà vu，源自法語）和「如夢似幻」的感覺（前面提到，顳葉與記憶中心有直接且長久的連結）。杜斯妥也夫斯基也是癲癇患者，他在長篇小說《白痴》中，深刻地描述了梅什金公爵這個角色恍惚的精神狀況；他老是會有揮之不去的不祥之感，也常懷疑他人，甚至無法無法確定自己是醒著或睡著。

「似曾相識」是配對錯誤：就主觀上，你相信自己來過那裡，但事實上並沒有。可想而知，主觀感受與客觀事實上有不一致與錯亂，當事人就會感到不可思議，並觸動他陌生和不安的感覺。這種情形通常會發生在疲勞、工作過度、壓力太大或酗酒的情況下。統計資料顯示，一般人常出現這類感受，在生命中的某個時刻都經歷過這樣的「似曾相識」。

舊事如新：一切都變陌生了

熟悉感和記憶的另一種失靈狀況與「似曾相識」恰好顛倒。這種更為罕見的感受稱為「舊事如新」(jamais vu)，也就是往事像未曾發生過一樣。在一般人裡面只有大約三分之一經歷過這種情況。在其中，你會體驗到一種輕微、令人費解和怪異的感覺，那些原本熟悉的東西都變得陌生了。

我有位顳葉癲癇的患者病情控制得很好，多年來都沒有發作過。她最近跟我說，她家客廳裡的咖啡桌似乎變了。她好幾年前買下這張咖啡桌，卻感覺到它有些地方變不同了。

跟她探入交談後，我發現她很迷戀那張桌子。後來她花了許多時間盯著那張桌子，將它搬到房間的不同位置，並在上面放置各種物品，試著讓它變「正常」些。一週後，那種不熟悉的感覺消失了（也許是因為我開立的抗癲癇藥劑量略有增加）。「舊事如新」的現象並不常見，以下這項小實驗有助於你去體驗看看。

選擇一個常用的字詞，比如說「桌子」，然後大聲重複唸一百次。在某個時候，你會感受到這個詞的含義逐漸減弱，最後它會變成一個單純的聲音。你一生中講過這個字無數遍，而且對它的感受有多種意義。但在這項實驗中，「桌子」這個字會變得越來越奇怪，並帶來一種奇異的感受。同樣地，只要一遍又一遍地重複其他字詞，就能短暫誘發出這種「舊事如新」的感受。

如果你大聲重複唸著自己的名字一百次，就會產生非常詭異的感覺；你的注意力會放在自己身上，也就是這個名字所指涉的人。這種感受很不舒服；你仍知道自己是誰，但對你來說，這個名字卻很陌生。嘗試過這個小實驗的人，都覺得很不可思議。這種自我疏離的感覺，就好像精神病學家所說的「人格解體」（depersonalization），彷彿不認識自己，在最嚴重的情況下，就會失去實現感。

失去實現感、人格解體的患者，在現實中會有許多困難。他會覺得身邊的人其實是陌生人或冒名頂替者，只是偽裝成自己熟悉的樣貌和身分。

相對地，他也會將身邊的人當成替身演員，而這就是所謂的卡普格拉妄想症（Capgras delusion）。大家都告訴他事實為何，但他依舊堅信自己所愛的人（或寵物）被神祕調包了。這種奇怪又疏離的感覺，令患者完全喪失熟悉感。這已經超越了「舊事如新」的嚴重程度，而是根本失去了洞察力。

卡普格拉妄想症的患者深信自己的感知沒有問題，所以才會有如此奇怪的反應，當中不少人還因此還犯下謀殺罪。歷史學家認為，人類過去數百年來對於巫術的憎恨，就是出於對某些族群的偏見與陌生感，特別是對於未婚、獨居又不大與人互動的女性。貌似真實的信念取代了理性推論；於是許多單身女性被當成「女巫」並在火刑柱上被燒死。

似真似假的回憶也會有影響力

個人有些記憶是假的，而且連自己不知道。以下是國際知名的心理學家皮亞傑（Jean Piaget）所寫下的回憶。

有一天，皮亞傑的保姆用嬰兒車帶他到附近的公園裡散步。突然，有個人從灌木叢後面跳出來，抓住了皮亞傑。保姆擊退了那個人，但在混戰中，她的雙頰都被劃傷了。她的尖叫聲吸引了一群人，當中包括一名警察，但眾人都找不到那名襲擊者。皮亞傑終其一生都記得現場人的臉孔，他們都對保姆表示同情。他記得警察身上的制服、保姆臉上的傷痕以及襲擊事件在公園的確切位置。

多年後，皮亞傑的父親收到了一封意想不到的來信。當年皮亞傑一家人送給保姆一支金錶，以表達感激之情，但多年以後她卻這把這隻錶寄回來。她在信中提到，她最近加入了救世軍，對於當年自己捏造的事件感到非常愧疚。

她並未詳述細節，但可想而知，是她精心策劃了那場綁架事件（包括在自己臉部劃下傷痕），藉以鞏固她在皮亞傑家中的地位。在那次事件後，她的地位有如家人一樣，而不再只是個僱員。更且，為了進入家庭的核心，她不時會提起那個事件，讓皮亞傑一家人反覆回顧。

皮亞傑後來從父親那裡得知了那是場騙局，但他長大後仍舊繼續談論，就好像它真的發生了。這位傑出的發展心理學家發現，錯誤的記憶非常頑強，難以根除。因此他幽默地說：「我對那個回憶的回憶是錯的。」

我推測，皮亞傑聽了這個故事無數遍，還跟著討論，所以把它內化到自己的潛意識中。每一項細節都被編入他的記憶中，並在無數次溫習後，變成了真實而重要的情況。

皮亞傑寫道：「我小時候一定聽大人說過這故事。而父母也牢牢記住那些情節，並當成重要的往事。」

記憶在形成時，情感層面非常重要。保姆表演出的細節（驚聲尖叫、劃傷自己的雙頰）嚇壞了小皮亞傑，他的大腦仍在發育中，而這些影像就被刻入記憶中，並陪伴他一輩子。

比利時超現實主義畫家雷內．馬格利特（René Magritte）也有類似的假記憶。十三歲時，他的母親雷吉娜在自家附近投河自殺。馬格利特說，他還記得，母親失蹤十三天後，眾人在河裡找到她的屍體。但資料顯示，大家在搬移屍體時（她的睡衣還纏繞在她頭上），馬格利特並不在現場。但馬格利特深信，那些畫面是來自他真實的記憶。用布料包裹著臉部和頭部，是馬格利特一系列畫作的主軸，如一九二八年完成的《戀人II》（The Lovers II）。

《馬格利特：生命》（*Magritte: A Life*）的作者丹切夫（Alex Danchev）說，母親被睡衣遮住的模糊臉龐，成為他許多作品背後的「創始神話」。馬格利特寫道：「我們所見到的事物都隱藏著另一件事物。我們都想一窺被隱藏住的東西……這種欲望會變成強烈的感受以及內在衝突。比起明顯可見的東西，半遮半掩的事物就是有種吸引力。」

從皮亞傑和馬格利特的案例來看，畫面只要夠生動就可以被記住，即使並未實際發生或跟事實有所出入。那些鮮明的畫面與回憶會影響人一輩子的走向。

「陽台上的鸚鵡」

有時候，僅憑一張照片我們就會深信某些不存在的事情發生過。

某天我和妻子去夏威夷參加會議。傍晚準備去吃晚餐時，我們前往飯店的餐廳，外面有一隻鸚鵡。我從小就很喜愛鸚鵡，這二十五年來也養了好幾隻。我花了幾分鐘與那隻鸚鵡互動，然後就去吃晚飯了。

我的妻子是一名專業攝影師，回到華盛頓特區後，我看了她在這趟旅行中所拍攝的照片。在其中一張照片裡，我站在飯店房間的陽台上。我記得那個陽台可以俯瞰太平洋，但我不記得自己站在那裡拍照，手指上還停著一隻鸚鵡。我感到相當不安。在我的記憶中，那個夜晚與照片中的景象完全不同。

「那隻鸚鵡不在房間外的陽台，而是被養在餐廳外頭。」我跟妻子強調。她回答說：「你記不記得，用完晚餐後，我們問了飯店經理，可不可以把鸚鵡帶回房間，這樣我就可以多拍幾張照片。經理同意了，所以在拍完照片後，我便把鸚鵡送回去餐廳。」

我什麼都不記得了。但我不應該懷疑照片所顯示的清楚景象。

我到底是要相信自己不完美的記憶力，或是那張照片？大腦選擇相信照片，但這讓我感到很不安。那天晚上我應該沒有喝很多吧？看著妻子時，她臉上露出了絲絲微笑。她馬上又讓我看了兩張照片：第一張，鸚鵡安穩地站在餐廳外的門廊上；第二張，我獨自站在陽台上。她巧妙地拼貼這兩張照片，創造出極具說服力的假回憶。

儘管我知道照片是假造的，但在記憶中仍然保有這兩個景象：在餐廳外玩鸚鵡，以及在陽台上逗著鸚鵡。哪個是真的？事實上，虛假的記憶永遠不會完全消失。正如皮亞傑所說：「我對那個回憶的回憶是錯的。」

下標題才容易記住內容

大多數人都無憂無慮，並未意識到記憶到底有多脆弱。二十世紀初的記憶研究者巴特萊特（Frederick Bartlett）最先察覺到這項令人不舒服的事實。他觀察了三〇年代流行的遊戲「悄悄話」（Chinese Whispers）後，做出了他最重要的研究發現。我們以「傳話遊戲」（The Broken Telephone Game）來說明。

首先六到八人排成一列，第一個人悄聲說出一段傻氣的話，如「這鞋子不適合我的手」，或「土撥鼠挖了多少土」。第二個人聽到後，再以耳語般的音量傳給第三個人。如此傳下去，最後一個人再大聲說出那句話。

每一次傳出去，那句話都會有所變動，且往往變得很搞笑。巴特萊特不斷觀察孩子們玩遊戲，並想出了這項概念：重構記憶（reconstructive memory）。

巴特萊特設定了一套經典的實驗。他請二十名學生閱讀一篇三百字的短文，標題為

「幽靈之戰」。接著，他們要定期回憶這篇文章的內容，也許是隔幾個小時、幾天、幾週、幾個月、甚至兩年（在實驗完兩年後，他偶然遇到其中一位學生，所以請他回憶一下）。

巴特萊特觀察到，學生記住和遺忘事情都遵循某種模式。首先，故事被濃縮到剩一百八十個字（兩年後剩得更少）。其次，學生都會自行編造細節，以便將陌生的段落轉換為自己所熟悉的內容。

巴特萊特還觀察到，透過清晰而生動的心像，學生所表現出的記憶力最好。讀者不妨體驗看看。以下內容請牢牢記住，等等才能複誦出來：

> 如果你不想要看到血，就得放棄平穩又快速的行動，改為平穩且緩慢的動作，尤其是對於年長和缺乏經驗的人。在某些情況下，電子裝置的效果最好，現場絕對不會見血。不過後一種解決方案一開始成本較高，但從長遠來說比較符合效益。

你能記得多少內容？只要給你一個線索，你就能順利背出來：其實這段話是在指「刮鬍子」。如果你用了其他不吻合的心像，就記不下來了。

美國心理學家布蘭斯福德（J. D. Bransford）的研究顯示出，沒有上下文脈絡的一段話，受試者都記不住。但只要有標題，受試者就能理解並記住那段話。

布蘭斯福德說：「這步驟很簡單。首先，將內容所涉及的領域分類，有時只要一個大範疇就足以涵蓋全部。其實，多找出幾個領域就可以開始歸類並背誦了。」

在閱讀文章前，有一組受試者知道文章的標題「洗衣服」，而其他人只能直接讀內容；果然，唯有前者才能理解且記住文章中的所有句子。

對於刮鬍子和洗衣服等日常小事的記憶，巴特萊特稱為圖解（schema）。多虧了這項能力，我們才不必去思考用餐時的每個環節（排隊進場、點菜、付帳）。除非你第一次去迴轉壽司店，才必須了解用餐規則，但只要稍微觀察，就知道如何取餐和結帳。多去個幾次，你就會有相關的圖解記憶。

最重要的是，記憶不會像錄音機一樣如實回放各種經歷，而是會加以重構。這項見解在今日的廣告業和法律攻防中是基本常識。

懷舊廣告的操弄手法

字詞對記憶的影響很深遠，行銷上有個趣味的例子。《客戶如何思考》（*How Customers Think*）的作者傑瑞德．查特曼（Jared Zaltman）表示：「如果銷售人員以正向的態度談起自家公司的歷史，那麼消費者購買此產品的感受就會比實際上更好。」

例如，製造商在史都華麥根沙士（Stewart's Root Beer）的瓶身上標示「創立於一九二四年」。許多消費者就想起，自己還是孩童時就看過這個瓶子、喝過這款汽水。但問題是，這款瓶裝沙士十年前才在市場上流通；之前只能在餐廳或酒吧現場飲用。消費者被誤導了，還因此出現不真實的回憶。

同理，人很容易受到旁人誤導，深信自己童年時經歷了一些怪事。我們常聽人有人說「我小時候溺水被救生員帶上岸」、「我被狗兇惡地攻擊」、「叔叔帶我去坐熱氣球」。這些事情從來就沒有發生過，但只要看到實驗人員替他們設計的偽造照片，有一半成年人會說自己有那些經歷。

這就是「記憶變形」（memory morphing）的技巧。記憶無常又易變，每次當我們回想起某事時，都會不自覺地添油加醋。銷售人員知道這一點，聰明的律師也知道。

在法庭上，律師和檢察官審訊相關人士或進行交叉質詢時，都不可以有意或無意地引入錯誤資訊。例如，十字路口的紅綠燈正常運作，但證人卻被問道，事故現場哪一輛車沒有遵照交警的指揮。這時該名證人或律師就應該提出糾正，以免他自己或陪審團被誤導；這在法律上稱為「證詞汙染」。

描述事故的用詞也會造成證詞汙染：「被撞」、「撞到」、「衝撞」、「相撞」的意思都不一樣。律師若把「撞到」改為「衝撞」，目擊者就會想起當時肇事的車子車速過快。尤有甚者，警方拍的取證照片都沒有碎玻璃，但證人一聽到「被撞碎」這個詞，大多會「記得」事故現場有碎玻璃。關於這些例子，讀者可參閱羅芙托斯（Elizabeth Loftus）的著作《目擊證人的證詞》（*Eye Witness Testimony*）。她專門研究錯誤記憶、記憶汙染和誘發假記憶。在二〇二一年麥克西威爾（Ghislaine Maxwell）販賣少女一案中，她擔任辯方證人。

連看電影都會記錯感想

再怎麼牢固的記憶，也會被後來發生的事情所影響。例如，你看完某部電影後覺得很無聊，並給它很低的評價，但回家後，你上網讀了影評人對它的大力好評。接下來你應該會開始回想，自己其實是有點喜歡這部電影，儘管你是邊罵邊走出電影院。心理學實驗也證實，在他人的影響下，受試者都沒有意識到自己默默地改變了對這部電影的感受。他們不是在讀了影評後改變看法，而是根本就記錯了原先的感受。

這種手法被稱為逆向建構（backward framing），可以用來改變已建立的記憶。受試者讀了影評後，就連自己最初的看法也記錯了。其實他們都是被當下的想法所影響。記憶失真專家布勞恩—拉圖爾（Kathryn Braun-Latur）表示：「生命就是一場改變記憶的實驗；記憶不斷被新資訊所改造。」她在著作中普遍談到，記憶對於行銷策略非常重要。

我們在前面章節中談到夏克特的「記憶七罪」，而當中的「偏差」就是一種記憶失真。因偏差而導致記憶改變的例子很多。在一次實驗中，研究人員給受試者喝一種味道不佳的柳橙汁，當中加了鹽和醋，還給受試者看各種精采的廣告，內容說它「清涼提神」。有一些受試者因此覺得這種飲料令人耳目一新。這樣的實驗可以用來衡量暗示對於記憶的作用力。有些人比較容易受到暗示，所以記憶會變形。試試看你是不是也如此。用一分鐘看看以下列表：

• 蘇打水、心臟、牙齒、辛辣、味道、酸
• 苦、很好、糖、糖果、美好、蛋糕
• 餡餅、巧克力、蜂蜜

現在，寫下所有你記住的字詞。然後休息一下，分散注意力；喝杯咖啡，看一下報紙。現在接著再詳讀以下列表：

• 蘇打水、心臟、牙齒、辛辣、味道、酸
• 苦、很好、糖、甜、美好、蛋糕
• 餡餅、巧克力、糖果、蜂蜜

第二個表多了一個字，你有發現嗎？
除非你的記憶力很強，否則應該會在無意中記下那個干擾詞，因為它在語意和概念上與第一份列表的字一樣。答案揭曉：「甜」並沒有出現在第一份列表中。因為表中大多數的字詞都與甜味有關，所以我們才會沒有認出這個多餘的字。

基本上，記憶變形是基於記憶的流動性而產生的。我們的記憶不是像錄影帶或DVD那樣會原音重現，而回味過去也不像放電影那樣。相反地，回憶一定會改變，包括細節都會變不同。人會受到暗示，所以記住的事情與實際上有所出入。

我們必須接受事實，大腦構造就是很容易受到錯誤感知和假資訊的影響。但只要加強記憶力，就可以抵消這個缺點。後續我們在討論到記憶戰爭和記憶律法時，會再詳細敘述此點。

失憶症

失憶症其實很常見，很驚訝吧？作為神經科醫生，我每天都會看到類似的病例。頭部受傷是最常見的原因。頭部受傷大多是遇到車禍或摔倒（通常是在家裡）造成的。有些患者會失去意識，而且通常只有幾秒鐘。但是，受傷和腦震盪太嚴重的話，就無法記住受傷前的事件，從幾秒鐘到一小時左右不等。這就是逆行性失憶症（retrograde amnesia），也就是失憶區間往前回溯一段時間。

另一種就是順行性健忘症（anterograde amnesia）。患者受傷後，能自行走路，說話有條不紊，甚至會向他人詢問自己發生了什麼事。但在幾個小時後，他們就會忘記事故發生後自己說的話和做的事。這種症狀在會持續一段時間。在大多數情況下，預後狀況非常好，只是記憶中會留下一些空白處。大多數康復的患者不會為此感到煩惱，但有些患者會不斷詢問醫師，自己是否能夠記起那件事。「為何要想起那可怕又痛苦的事情呢？」我問他們。他們的確感到很困擾，因為記憶與個人身分有關，本書後續將進一步加以探討。

但現在，我們要繼續談論各種程度的失憶症。如果患者有意識到自己失去了某段記憶，就難免會感到很失落。

只活在當下的人

失憶症是電影中常見的情節。在二〇〇二年的電影《神鬼認證：傑森包恩》中，中央情報局的殺手包恩在漁船上醒來，但完全不記得自己的名字和過去的經歷。包恩仍然有能力學習新事物和建立新記憶，消失不見的只有過去的記憶。

關於記憶系統出問題或喪失功能，最戲劇性的例子都在大腦嚴重損傷的患者身上。英國音樂家克萊夫．韋爾林（Clive Wearing）才華洋溢，他鑽研中世紀的聖歌和文藝復興時期的音樂，還是管風琴名家，十七到十九世紀的近代音樂也難不倒他。例如，在查爾斯王子與黛安娜的婚禮上，他帶領樂團重現了一五六八年二月巴伐利亞皇室婚禮的樂曲。

我曾是公視第十三台紐約團隊的成員，並協助拍攝「大腦」系列節目。那時我第一次跟韋爾林交談，他高興地坐在鋼琴前，為我們表演了幾首曲子。接下來發生了奇怪的事情。他的妻子黛博拉一走進房間，韋爾林就停止演奏，滿心歡喜地迎接她。然而，在演奏前幾分鐘，他才跟妻子說過話。更奇怪的是，他演奏完那首曲目時，又再次走向我們並自我介紹。但我們剛剛才與他談完他的生涯發展。

在一九八〇年代初期，韋爾林感染了皰疹病毒性腦炎，所以大腦受到嚴重損傷。皰疹病毒傷害了右顳葉（兩側海馬迴所在之處）以及左額葉。海馬迴損壞後，韋爾林就無法形成新的記憶，所以他忘記了剛剛才跟妻子以及攝影團隊講過話。發生在自己身上的事情，他只能記得十秒鐘（順行性失憶症），也無法回憶起往事（逆行性失憶症）。無法形成新的記憶，所以沒有任何資訊可供儲存或回想。

從皰疹引起的昏迷狀態中清醒過來後，韋爾林發現，自己註定只能待在兩坪大小的病房裡，玩著毫無止盡的接龍遊戲，並在筆記本上書寫一樣的事情。他不斷寫這句話：「昏迷了多年後，我第一次完全清醒。」若有人指出內容重複了，他會非常生氣地說：「我不知道前面那些是誰寫的。總之不是我。」

他的妻子黛博拉說：

克萊夫的世界現在只剩下一個時段，既沒有過去，也沒有未來。那只是一眨眼的時間而已。他看到眼前的東西，等這些訊息傳送到大腦後，就會消失不見。沒有什麼東西能給他留下印象，他的大腦並未記錄下任何東西。他在生活上沒有問題，因為他的行為能力都還在。他的智力完好無損，也感知到自己所處的世界，就像你我一樣。然而，一旦他把注意力移開，剛剛所感知的事情就消失了。因此，他的意識是片刻性的。實際上，他處在時間真空的狀態下。在他意識到的那一刻之前，一切完全虛空。好像一直在重新開機一樣，他總認為自己已經醒了大約兩分鐘。

韋爾林無法對訊息編碼，所以無法形成情節記憶，而只剩下程序記憶。他能頻繁地重複某個動作，因而獲得新的程序記憶，但不記得學習的過程。他只要重複觀看某段影片，就能預測情節的發展，但他不記得自己有看過這段影片，也不知道自己是如何記住的。他想不起花了一輩子所研究的音樂史，但他負責程序記憶的大腦區域完好無損，所以仍可以看譜、指揮樂團並彈奏出複雜的鋼琴和管風琴曲。他還擁有這些能力，所以才沒有放棄自己。

「最悲傷的是，他完全無法理解自己發生了什麼事情，」黛博拉說：「即使你試著解釋，他也馬上忘記。因此，他永遠無法接受或理解自己的狀況。」

只有過去的人

接下來我們要談麥萊森（Henry Gustav Molaison），這個案例在神經心理學文獻中非常重要。小時候，麥萊森的癲癇每天都會發作十餘次，這不只會造成永久性的腦部損傷，甚至會威脅到他的生命。他大腦兩個半球間會快速來回放電，致使癲癇反覆發作。他的神經外科醫生推測（其實他猜對了），放電是從大腦一側的海馬迴傳到另一側的海馬迴。

於是他們切除了麥萊森大腦右側和左側的海馬迴和杏仁核。這項手術並不困難，也達成令人欣慰的效果：麥萊森的癲癇症狀不再出現。但就在手術後，新的症狀就馬上出現了。

麥萊森出現一種特殊的記憶障礙。他不記得當天早餐吃了什麼，不知道為什麼自己人在醫院裡，也認不出他以前見過的人，即使幾秒鐘前才見過面。他的神經科醫師布蘭達．米爾娜（Brenda Milner）每天都對他進行測試，但會面時麥萊森總是想不起來她是誰，也不記得之前見面的情況。短暫的午休時間後，麥萊森下午還要接受測試，但他依舊記不起早上看過米爾娜以及上午的測試情況。

手術後不久，麥萊森的叔叔去世了，他感到十分悲慟。然而，過了一天後，麥萊森又提到叔叔，就好像他還活著。之後，只要有人提醒麥萊森他的叔叔已經過世了，他都會非常震驚，接著陷入悲傷中。他跟韋爾林一樣，無法建立新的記憶，但他還清楚記得腦部手術前發生的事情。韋爾林同時患有逆行性與順行性失憶症，而麥萊森的症狀只有後者，也就是無法形成新的記憶。

麥萊森的個性沒有改變。那些在手術前就認識他的人，都說此人就是麥來森，只是記憶力非常不靈光。每當他的注意力集中在新的事情，就會立刻忘記前一刻在幹嘛。麥萊森勤做筆記，以便紀錄並追蹤日常大小事。只要他注意力固定在一件事，就能夠牢牢記住，但如果稍微分心，哪怕只是一秒鐘，那一小段記憶就會像紙牌屋一樣崩塌。

我一直都很好奇，麥萊森如何能保有他過去的記憶。這些記憶都儲存在完整的新皮質中，特別是與視覺、聽覺、觸覺等有關的大腦區域，但若要再次體驗這些記憶，相關的大腦路徑必須重新接上海馬迴。但麥萊森大腦兩側的海馬迴都被切除了。這是一個謎，但我只是想提醒讀者，大腦元件受損的話，無法像樂高積木一樣重組就好。

那麼，你較願意成為這兩個悲慘人物中的哪一個？韋爾林或麥萊森？想像一下他們的生活是什麼樣子。我想大多數人跟我一樣，寧願像麥萊森一樣，因至少還有受傷前的記憶。相比之下，韋爾林就是沒有過去和未來的人。

漫遊症：突然忘了自己是誰就能擺脫壓力

一名五十五歲的男子和家人在海濱渡假勝地享受假期，他走出水面後便走向妻子，問她說：「我們在這裡做什麼？是誰把我們帶到這裡的？」接下來五分鐘裡，他變得越來越激動，並不斷重複著這兩個問題。他的焦慮感加劇了，他還認得家人並能回答問題，但他記不得這趟前往海濱的公路旅行了。他的家人驚覺他可能是中風了，把他帶到了最近的急診室。在進行身體檢查後，醫生並未檢測到任何異常。但他的心理評估顯示，他在幾星期前就出現了嚴重的失憶症狀。他在海濱出現了誇張的舉止後來到醫院，而失憶症還沒消失。

神經科醫師打電話到急診室，向病人及家屬保證，在接下來的十二個小時內，一切都會沒事的。雖然病情如此令人費解和擔憂，但這位醫師非常有自信，他知道這就是「短暫性全面失憶症」（Transient Global Amnesia）。果不其然，他的失憶症狀在回到飯店三小時後消退了。家人感到開心，但患者沒有感受到任何喜悅。他對那起事件以及之後一兩天的事情毫無記憶。

短暫性全面失憶症雖然不常發生，但不是嚴重的疾病，它好發於五十到七十歲的男性。針對急性發作的記憶力喪失，目前並沒有普遍的解釋，有些專家則認為，這可能與大腦血流量減少有關。然而，患者的身體狀況都沒問題，而且在六到十小時內就恢復正常了。短暫性全面失憶症不會復發，但可能的觸發因素包括壓力、性交以及全身浸泡在冷水中。這種病症會吸引我的注意力，是因為它披露出某些跟「記憶」有關的事情。

這些患者會忘記幾分鐘內發生的事情，但復原後，就會完全忘記發作期間發生的所有事情。有些患者能解釋自己的奇怪經歷，但都是從旁觀者的描述才知道的。

跟短暫性全面失憶症有關的，就是漫遊症（fugue）。

幾年前，我去檢查一位三十八歲的農民T先生，他沒有任何徵兆就離開了新婚兩週的太太，還從華盛頓特區的鄉間開車去了他從未踏入的康乃狄克州。他到達一個小鎮後，準備入住汽車旅館，但櫃檯的夜班人員覺得他的行跡很可疑。在簽署支票時，T先生必須先看駕照才能想起自己的名字和地址。他簡短地向櫃檯人員說明，他不確定自己是從哪裡來的。他也沒有攜帶任何行李。於是夜班人員打電話給警察，並將T先生帶回警局。

檢查T先生的駕照後，當地警方馬上聯繫華盛頓的警察，並與T先生的妻子談話。T的妻子非常焦慮，她不知道丈夫去了哪裡。有位鄰居好心地開車去了康乃狄克州載回T先生，並把他送到華盛頓的一家醫院，也剛好由我負責診斷。

T先生非常困惑，不知道自己為何要去康乃狄克州。他記得那天有去工作，但對午休後所發生的事情就沒有記憶了。他不記得全程發生什麼事情了，只能粗略說出，他從華盛頓以南五十公里的家出發，並到達某個小鎮，準備在那裡過夜。他看到旅館夜班人員和當地警方的報告時，不禁搖了搖頭，無法相信自己做的事情。

經過短暫的休息後，他能說出自己的身分，但過了兩天多後才完全恢復。康復後，他對此次失憶症的肇因感到焦慮。並開始接受心理治療和服用抗憂鬱藥物。事實上，T先生性情孤僻，也不大能適應新婚生活，還覺得寶貴的獨處時光被剝奪了。

短暫性全面失憶症和漫遊症都是突然發作的。在前面的情況下，患者還記得自己的身分，也還認得家人和朋友，只是忘了當下的情境；但在後面的情況中，他會暫時忘記自己是誰。

在病因方面，兩者也有所不同。神經科學家並不確定，大腦中哪些區域與短暫性全面失憶症有關，但至少都同意是生理的問題。漫遊症則被認定為心理疾患。T先生逃離了他的家，去到一個他不熟悉的地方，並且在沿途中擺脫掉他自己的記憶和身分。這個區別相當重要，但科學家還是很疑惑，單純的心理問題如何奪走人的記憶？

在這兩個病症中，患者的記憶都會支離破碎或消失不見。但在漫遊症的狀況中，「壓力」是最主要的致病因素。T先生對新婚感到焦慮，但漫遊症讓他忘了自己是誰，從而擺脫了焦慮感，但卻付出了其他代價。

但就像各種特殊的記憶障礙，我們還無法百分之百確定這兩種病症的源頭。短暫性全面失憶症也有可能是焦慮所導致的短暫反應，有些漫遊症的患者也不曾感受到什麼壓力。在短暫性全面失憶症中，心智就像疊疊樂一樣，只要一個環節出錯，整個記憶大廈就崩塌了。在漫遊症中，記憶消失得比較緩慢，是跟著心理因素而發生的。但無論如何，患者都不知道自己發生了什麼事，也不知道原因。兩者的重大區別在於患者的反應：前者會感到不安和激動，而後者會比較平靜而冷漠。

爵士吉他大師的動人經歷

有時即使大腦受損，記憶力也能自行恢復。已故爵士吉他手派特・馬堤諾（Pat Martino）的故事就是這麼鼓舞人心，他從不可逆的記憶受損中復原了。

一九七七年的馬堤諾年紀約三十出頭，有次在法國演出時，他突然停止演奏，在舞台上放空了半分鐘。他在自傳《此時此刻》（*Here and Now*）中寫道：「癲癇發作時，就像掉到黑洞中，一切事物都忘掉了。」

醫師診斷後，發現馬堤諾患有動靜脈畸形，也就是說，動脈與靜脈糾纏在一起，隨時可能會爆裂而危及生命。相關手術相當成功，但卻出現一項嚴重的副作用：馬堤諾失去彈奏吉他的能力。事實上，他完全忘記自己彈過吉他。他寫道：

不記得某樣東西，就不知道它存在過。我並不知道站在病床邊的那兩個人是我的父母，否則我一定會覺得很痛苦，因為他們也一定很難熬。但我那時候並不覺得痛苦，我以為他們是陌生人。

在治療期間，父母給他看家庭照片來喚起他的記憶，也鼓勵他再拿起吉他：

我決定去嘗試後，內在的本能與熟練感就被啟動了，就像很多年沒有騎過腳踏車的孩子，決定再次上路。雖然過程有些顛簸，但潛意識裡的熟練感在犯過幾次錯誤後就浮現出來，然後就越來越強化。

馬堤諾再次拿起吉他，準備重溫各種彈奏技巧。

到了一九八〇年代中期，馬堤諾進步神速，可以再次開始錄製專輯了。他寫道：

練琴時，片斷的回憶和肌肉記憶逐漸湧回，包括各種彈奏的指法。它們就像通往各個房間的樓梯，而且當中有些隱祕通道只有你自己才知道，那裡就是你的祕密基地。

馬堤諾這段話與記憶劇場有異曲同工之妙。他的復原情況非常順利，二〇〇一年的專輯 Live at Yoshi's 和二〇〇三年 Think Tank 都榮獲葛萊美獎提名。

情緒會改變記憶

記憶會受到情緒所影響。心情不美麗時，就會想起並沉湎於過去的悲傷記憶。這會強化那些負面事件的記憶，讓心情更加低落，甚至導致憂鬱症。憂鬱症最令人痛苦的是，當事人會一再回顧過去的失敗與不完善之處，無論那些是真實的還是想像出來的。情緒逐漸變好後，其他的回憶就會漸漸取代掉痛苦的記憶。不久前才令人感到沉重和焦慮的事情，不再那麼可怕了，而且愉快的回憶會開始湧現。

情緒對記憶的形成很重要。在光線良好、自己熟悉又能放鬆的場所裡讀書，心情會比較好，吸收力也會提升。相對地，如果學生的情緒變得太負面，學習力和吸收力都會減低。

由此可知，「當下」會影響到「過去」和「未來」。你記起哪些過去的事件，取決於你當下的心態，而這又會決定你想像和實現未來的可能性。

隨著年齡增長，每個人都得努力預防一種普遍的失憶症，也就是前瞻性記憶障礙（prospective memory impairment）。一心一意要做的事情卻忘記了，這相當常見。有時我們進入一個空間時，會突然忘記來這裡要幹嘛。這不是嚴重的記憶障礙，而是在移動時出現了讓人分心的事物，並打斷了我們原本的思路。這種經歷令人沮喪，但只要走回出發點，就能喚起思緒，重現你一直在想的事情。

前瞻性記憶障礙常會造成尷尬的場面。你答應要為某人做某事，卻一再食言。比如同事要跟你借書，你卻一直忘記帶來。不過，這些狀況有時與記憶力無關，而是對於他人所交代的事情感到不情不願。所以你得好好問自己，你真的想把書借給那個人嗎？也許你擔心他會把書弄髒？「健忘」是個好藉口，不管是殺人犯（「我不記得我有開槍」）或故意爽約都能用上。

假設你真心想借同事書，但就是會忘記。我猜想，前瞻性記憶會出問題，是因為你要記住的事情都是獨特的活動。我也常碰到這問題，也有一套解決辦法。不過，請你先動動腦，要如何提醒自己，才能把書帶去辦公室？

以下是我的做法。我要借給同事的書是大衛．魯尼（David Rooney）著作《關於時間：十二種時鐘裡的文明史》（*About Time: A History of Civilization in Twelve Clocks*）。所以我會盯著大門的時鐘一陣子，隔天要出門時，我就會想起這本書了

創傷事件造成的幻覺

「瑪西已經過世了，但我有時還會看到她，就像現在看到你一樣。」特洛伊如此談到令他痛苦萬分的事件。四十五歲的遊民瑪西在四個月前走進華盛頓特區的一個地鐵站，在火車進站時，她跳下月台並跪在鐵軌上，而特洛伊就是那列班車的駕駛員。

碾過瑪西幾秒鐘後，特洛伊停下列車，從駕駛室跳下來。「我在列車兩側都看到了血

跡。」他發瘋似地打電話給中控室，不斷重複著「紫色狀況」（代表有人跳到列車前面）。特洛伊在接受警方詢問時還驚魂未定，也不自覺地看著清理人員做那些可怕的善後工作，包括移走浸漬在血泊中的屍體，並清洗列車前方和側面的血跡。

接下來幾天，特洛伊都睡得很差，還經常夢見瑪西跪在鐵軌上抬頭看他。特洛伊回到崗位後還是非常憂慮，害怕候車的人會從月台上跳下來。他的呼吸越來越急促，甚至不想離開家去工作。他以前習慣閱讀報章雜誌，如今卻常深陷於「那起事故」的回憶中，所以連一個句子都讀不完。為了保持清醒，他會打開家中的電視當作背景聲，但突然出現的聲響反而會嚇到他。最令他感到沮喪的，就是「有人」來探望他：

只要我的目光一離開電視，她就會出現在我眼前，帶著跪在鐵軌上的那個表情看我。有時我能看到她的臉，有時只是感覺她在房子裡。我理智上知道她已經死了，但就是無法否定那種感覺。

後來特洛伊被轉介到我的神經心理學診所。我第一次與他交談時，他已經自我封閉了一陣子，很少離開公寓。他的女友說，他遠離人群、無法與人交談，還會為了細微的瑣事大發雷霆。

「我就是不想見到任何人，」特洛伊說：「每當我說到瑪西，大家都不相信我。他們只會說，這一切都是幻覺，還會跟我爭得面紅耳赤。我想最好是獨自待在房間裡就好。」

在診斷過後，我確定特洛伊罹患了創傷後壓力症候群。

修正回憶

創傷後壓力症候群是由令人痛苦的回憶所引發的，而患者會不由自主地想起那些往事。而且只要有觸發因子，令患者想到創傷事件發生時的情境，他的身心就會回到那個痛苦的時刻。因此，特洛伊受到的折磨包括「閃現」（flashback，創傷畫面一再出現）、惡夢不斷以及無法消散的可怕念頭。他還出現「迴避症狀」，試圖遠離相關的事件與人們，以免回想起瑪西慘死的景況。否則他只要走入地鐵站，恐慌症便會發作。

除了閃現與迴避，「警醒」症狀也是一大問題。特洛伊老是很緊張，很容易受到驚嚇，晚上睡不著，一點小事就會情緒爆炸。在這些症狀的交互影響下，特洛伊很難回憶起慘劇當天的所有環節。說起來殘酷又諷刺，特洛伊只記得其中一個清晰的景象：現場一片血肉模糊。

平均每一百人就至少有七個人在人生某個階段罹患了創傷後壓力症候群，當中最嚴重的導因是戰爭，但對於一般人來說，交通事故則是主因。創傷後壓力症候群更能呈現情緒的影響力，負面情緒尤其會影響記憶的形成。

創傷後壓力症候群可能會轉化為更致命的疾病。患者可能會有暴力行為，甚至在馬路上槍擊無辜，輕一點的則是與家人失和、嘗試自殺、酗酒和吸毒。最成功的治療法，便在於修正令人不安的記憶。針對像特洛伊這樣的患者，治療師就要利用記憶的可塑性。患者在回憶創傷的經驗時，治療師都可以協助澄清和修正，以誘導患者去改變那段記憶。此外，大腦中化學作用的變化，也會改變這些記憶。

回想某段記憶時（無論是好是壞），如果把注意力轉向別的東西，暫時「放空」，這段記憶就會發生變化。因此，每次回想起某項事件時，記憶都會發生微妙的變化。例如，你現在對於人生第一次約會的記憶應該沒那麼清楚了，除非你定期、刻意地去回想。

這種正常的遺忘會反映在大腦的分子結構上，亦即蛋白質合成的效率。每當你回想起第一次約會時，記憶編碼區的特殊蛋白質就會合成，進而重新整合該項記憶。如果蛋白質合成受到干擾，大腦就無法成功進行記憶鞏固（memory consolidation）。我們對老鼠進行恐懼制約的實驗，才得到這個結論。

在老鼠的恐懼記憶鞏固前，若研究人員去干擾其蛋白質的合成，這種恐懼感就可能會消失。換句話說，干擾蛋白質合成的程序，老鼠就沒有時間鞏固起恐懼記憶。這個原則也適用於人類嗎？對創傷事件的記憶真的可以改變嗎？這兩個問題的答案都是肯定的。

相較於對創傷事件的正常反應，創傷後壓力症候群患者的焦慮感，背後有其特定的生理結構。創傷事件發生時，下丘腦和杏仁核會啟動交感神經系統以及位於腎臟頂端的腎上腺。患者的腎上腺會分泌出大量的皮質醇，此種化學物質會增加身體對抗壓力的能力。此外，他們腎上腺素的釋放量也遠高於正常水準。這兩種化學物質日積月累都維持高濃度的話，體內就會增生風險因子。

不只如此，高濃度的壓力激素會導致海馬迴裡的細胞大量死去，進而讓海馬迴變小。海馬迴是記憶形成的初始點，所以患者會抱怨自己記憶力變差。從核磁共振成像看來，患者大腦兩側的海馬迴變小了，所以的確有記憶缺陷的問題。

不過，實驗證實，患者若服用β受體阻斷劑，就能有效保護在大腦和周圍神經系統中吸引壓力荷爾蒙的受體。在臨床試驗中，研究人員請患者聆聽自己錄下的個人創傷故事，若他們有服用這些藥物的話，病症發作的跡象就比較少。這種治療法與上述的老鼠實驗非常相似。

在將來，壓力荷爾蒙阻斷劑應該會更普遍，尤其對於出生入死的救護人員更重要。同樣地，災難的倖存者也應服用這些藥物，以作為初步治療的手段。當然，這種藥物無法抹去創傷的記憶，但至少能緩和情感上的創傷。有一些學者建議，就算無法在災難發生的當下馬上投藥，也可以在事後給予，這樣就可以在記憶鞏固前改變當事人的回憶。這種藥物會抹去記憶所夾帶的情緒。恐怖事件仍然會被記住，但卻不會伴隨著焦慮、恐慌等情緒風暴。

CHAPTER

6

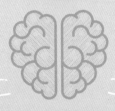

共有的回憶與集體記憶

THE COMPLETE GUIDE TO
MEMORY

背詩可以增加記憶力和想像力

驚人記憶力若有實際用途，人們就會認定這是一種優勢。一八九五年出生的愛丁堡大學艾特肯（A. C. Aitken）教授，是公認的記憶大師。他是數學家、心理學家、會計師以及小提琴家。艾特肯能記住圓周率的前一千位數字，他說背誦的過程就像「聆聽巴哈的賦格曲」一樣。他把數字排列成五十行，每行十組，每組五個數字。然後，他用許多段旋律去記下這些數字。他最主要的記憶法是創造有意義的聯想，並將要背誦的訊息配上樂曲。艾特肯說道：

> 音樂是最高竿的記憶法，節拍、旋律、曲調、合聲、樂器音色、樂曲的情感和意義……這些都會出現在聆聽者的腦海裡，並形成有節奏、結實、實用的記憶。我還會透過書面資料去探索作曲者的性格，以獲得某種認同感，且更能欣賞作品的美感。

但我們不是音樂家，所以可以用詩歌來創造韻律與意義。美國小說家霍爾特（Elliott Holt）在〈重讀詩歌〉一文中談到這種記憶法。霍爾特挑選了一首自己喜歡的詩，在一個月內每天都朗誦它。透過每個字詞的聲音和含意，她連結了前後句的意義，並不時發現新的解讀方式。到了月底，她果然背下了整首詩。

我們可以模仿霍爾特的方法，在清晨（如果你是晨型人）或睡前（如果你是夜貓子）去讀詩。霍爾特說：「在此之前，我們只是膚淺地理解這個作品，反覆背誦後，就能引發深層的關注，並與作品產生連結。這種直觀又專注的方法，可以讓我們理解作品的多個面向。」請注意，這個方法不僅是重複閱讀，還要把韻律和含意編織在一起，就像編織掛毯一樣。

你可以從一首有明顯音韻結構的詩句開始。我個人喜歡莎士比亞的第一百一十六首十四行詩，這是最著名的一首，也是練習詩歌記憶法的最佳選擇。

這首詩的原文如下：

Let me not to the marriage of true minds（A）
Admit impediments, Love is not love（B）
Which alters when it alteration finds,（A）

Or bends with the remover to remove:（B）

O no! it is an ever-fixed mark,（C）
That looks on tempests and is never shaken;（D）
It is the star to every wandering bark,（C）
Whose worth's unknown, although his height be taken.（D）

Love's not Time's fool, though rosy lips and cheeks（E）
Within his bending sickle's compass come;（F）
Love alters not with his brief hours and weeks,（E）
But bears it out even to the edge of doom.（F）

If this be error and upon me proved,（G）
I never writ, nor no man ever loved.（G）*（譯文見章末）

簡單介紹一下，十四行詩由十四行文字所組成，每行十個音節。每四行為一組，一共三組，最後剩下一副對句。這首十四行詩的前三組為隔行交互押韻：ABAB、CDCD、EFEF；詩尾則是對句押韻：GG。

朗誦它時，用加強的語氣去唸出每行末尾的單詞，並自己打拍子，每換一行就改變韻律。第二行與第四行的字尾分別是love與remove，最後兩行的字尾則是proved與loved——這幾個地方的押韻較不明顯，但還是可以勉力而為。

對於在一九六〇至八〇年代的高中生來說，背誦詩歌是必要的功課。如果沒有特殊的記憶法，又對古典詩歌不感興趣，那你上這門課一定會痛苦萬分。今日學生可以自由選修有興趣的領域，當他們了解到詩歌有許多面向，不僅有趣、又能豐富生活，那自然就會想辦法去背下來。

我最喜歡的詩人是美國教育家史蒂芬・鄧恩（Stephen Dunn）。學生時期，他靠著體育獎學金上大學，畢業後還打過職業籃球隊。後來他轉而投入廣告業。他在這些領域的表現都很傑出，但他過得並不開心，於是改變人生計畫，要以創作詩歌為職志。他的寫作風格簡單又柔和，與散文相去不遠，易於閱讀、理解與背誦（所以我才提到他）。

只要能背鄧恩的詩歌，你一定會收穫良多。他的忠實讀者說，因為他捕捉到了「平凡事物中最難以得見的魔力」。

以下是我所挑選的三首鄧恩作品：《幸福》（Happiness）、《像我一樣》（Mon Semblable）、和《做愛後》（After Making Love）。這些詩在網路上很容易找到。閱讀時大聲朗誦並錄下來，每天反覆播放聆聽，直到可以背出來。

難以忘懷的奇特畫面

記憶力和創造力就像硬幣的兩面。畫面越生動，就越能被記住；記住了畫面，人們才能發揮最高的創造力。電影《追憶人》的導演麗莎．喬伊（Lisa Joy）談到她如何想像力來創造場景：「寫作時，我會想像角色正在說話，並於腦海中設計每個房間與場景，就像是把正在觀看的電影轉錄下來。」

連結不同領域的事情最為挑戰記憶力和智力。英國哲學家大衛．休謨說：「一般來說，要想像『金山』，就是想起兩個我們都熟悉的概念：黃金和山。」不過，畫面越是古怪，就越好記住。例如，把蛋捲冰淇淋想像成雜耍藝人的頸部和頭部，大腦的兩個區域就會有反應。因為它在現實世界中不太可能見到，這時額葉會處於警戒狀態、而杏仁核也啟動了，後者是大腦兩側通往記憶的入口。

在杏仁核的作用下，我們會感到困惑或有情緒性反應，因為那個畫面是如此新奇而怪異。即使是從未經歷過的東西（純金的山），只要借用以前體驗過的元素（黃金和山），就能在腦海中留下深刻的印象。

對大多數人來說，最原始、奇異而超現實的影像，都發生在夢境中。那些畫面越是奇幻，就越能留駐在記憶裡。因此，夢境的確也是創造力的來源。

「我在夢中看到苯的化學式」

夢境對創造力的效用，最著名的例子，就是科學家發現苯結構的過程。苯是用於印刷和工業，其化學結構的發現過程，就像偵探故事和解謎一樣。

C_6H_6是苯的化學式，代表六個碳原子和六個氫原子。在十九世紀，對於這種碳—氫結合的結構，就連最聰明的化學家也十分困惑。人們對苯的化學式知之甚久，一個碳原子與一個氫原子相結合，但它的結構卻是個謎團。化學家凱庫樂（August Kekulé）以前是建築師，他努力構思其結構，但卻沒有成果。有天晚上，他做了個夢。以下是他的描述：

在比利時逗留期間，我住在幹道旁舒適的單身宿舍。我的書房面對著一條狹窄的小巷，日間的光線並不充足。有天我坐在撰寫教科書，但進行得不太順利，我的注意力無法集中。我把椅子轉向壁爐，後來就睡著了。

突然間，一大堆原子在我眼前飛舞，並構成了一片背景。類似的畫面不斷出現，我的心靈之眼於是變得敏銳，逐漸可以看出較大的結構。原子緊密相連，接成一長排，它們不斷在移動，像蛇一樣蜿蜒和轉向。其中一條蛇抓住了自己的尾巴，並在我眼前不斷旋轉，彷彿在炫耀什麼。我醒來時突然感到靈光乍現，連夜開始研究各種排列組合。

下圖顯示出苯的化學結構，其周圍是一條蛇吞下自己尾巴，這就是凱庫勒的夢境。

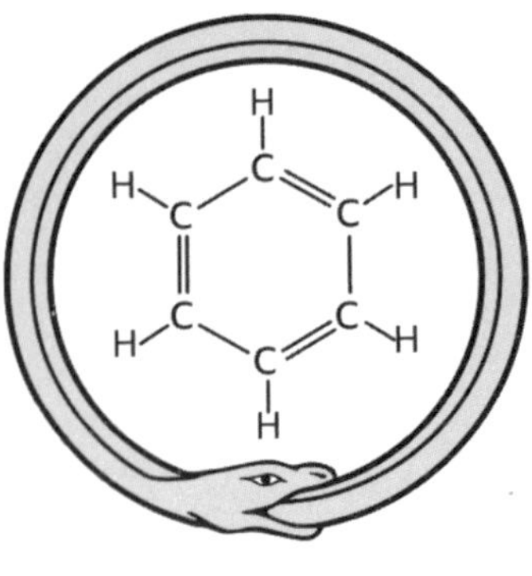

圖六之一

來源：Wikimedia Commons

凱庫樂確信，他的夢境導因於過去當建築師的經歷；那時他會不斷訓練自己的感官知覺，以此去體驗各項事物。對於各種化學現象的解釋，他很少感到滿意，除非他能想像出那個畫面。事實上，在體驗到那個夢境前，所有的要素都已到位，凱庫樂應該快發現苯的化學結構了，但唯一欠缺的是，他得將此想法轉化成奇特的畫面。吞下自己尾巴的蛇被稱為「銜尾蛇」，這是個古老的符號，出現在英國赫里福德郡（Herefordshire）一座教堂的外牆雕刻上，那是建立於十二世紀的聖瑪麗與聖大衛教堂。

在六十年後，神經科學的相關研究證實了記憶力和創造力的連結，這都要歸功於某位患者的病例研究。

一九八〇年代，凱西（化名）發生了嚴重的機車事故，醫生檢查後，發現他無法形成情節記憶，因此不記得一小時前自己在做什麼。令醫生更驚訝的是，他也無法預想明天自己會做什麼。這尤其不尋常，因為他所待的單位專門治療創傷性腦損傷的患者，而在這裡每天的作息都一樣。他無法形成和保留新記憶，也不能在腦海中喚起未來的場景。兩位神經科學家安道爾．圖威（Endel Tulving）和夏克特（《記憶七罪》的作者）便想從他身上去研究記憶力和想像力的關聯。

透過磁振造影，醫師發現凱西的情節記憶和想像未來的能力變遲鈍了。圖威和夏克特因此理解到，想像力依賴於記憶力。我們會剪輯以及組合過去經驗的片段，並用它們來模擬假設性且尚未實現的場景。簡短來說，我們能在腦海中演練行為。有了創造力，我們就能重新配置往事與回憶，並用它們來想像未來的可能性。

更令人振奮的是，記憶力和想像力的作用是雙向的。比方說，我想像自己等一下要用筷子吃蛋糕，最終我也會留下用筷子吃蛋糕的回憶。

神經科學家發現，海馬迴不僅是記憶路徑的起始點，也是我們創造出萬事萬物心像的地方；在心裡擘劃場景，我們才能體驗過去、想像未來。大腦科學家證實了幾百年來記憶專家們的智慧：想像力提升，就能強化記憶力。所以，創造出怪異、戲劇化和充滿情感的場景，讓它們變成記憶的結構，就能記下很多事情。

伴侶就是共享往日情景的夥伴

在夫妻中，通常會有一人負責記住往事，當然這不是說另一人有記憶障礙，而是有些人喜歡透過伴侶的傳達去重新體驗往事。「你還記得，五年前我們去阿姆斯特丹做了什麼嗎？」提問者不是得了健忘症，而是想重新點燃伴侶的回憶以及親密感。所以伴侶過世後，另一半才會一蹶不振。與愛人對話，我們才能想起過往的點點滴滴與情感，若失去了這份親暱感，過往的經歷就會變得枯燥又灰暗。

美國作家泰勒．韋瑟拉爾（Tyler Wetherall）在《紐約時報》發表了一篇文章，內容談到失去共同記憶的痛苦。她的男友山姆頭部受重傷，所以忘了與韋瑟拉爾有關的事。「往事全都消失無蹤。」最糟糕的是，他也忘了那些回憶所帶來的幸福感，「他不記得那些經歷有多快樂，好像人生從沒發生過那些事」。

韋瑟拉爾很清楚，情緒汙染會伴隨記憶而來，所以她在醫院時會不斷談起兩人共有的回憶，並且避免只說自己的版本。不過她的說法還是會影響男友的回憶。

她還發現，往事不會凍結在時間裡，而是像未來一樣會變動。「跟山姆談起我們的過去時，會在不知不覺中創造了新故事。」她的終極目的是喚醒山姆對兩人過往的回憶，

因為「失去了共享往日風景的夥伴，這些記憶就變得不真實了」。

回憶有個人的層面，也有與他人共享的畫面，而有些隱祕的回憶，只有對方才會知道。

由上圖我們可以看出來，兩人在一起後，重疊交集處就是兩人共享的記憶。但分開後，共享記憶就會弱化甚至消失。

在下圖中，不論是分手，還是像山姆那樣因失憶症而導致關係中斷，都會刪除或削弱共享的記憶（黑色部分）。而這不僅關乎共有的過往，也會涉及到未來。韋瑟拉爾寫道：「分手後，你們也失去了一起創造未來的想望，只能回味共同經歷的往日時光。」

遺憾的是，我相當能體會韋瑟拉爾的心情。在寫這本書時，小我四歲的妹妹路易絲突然死於腦溢血。我和路易絲在成年後還常常相聚，開心地回憶著小時候一起參加的活動。

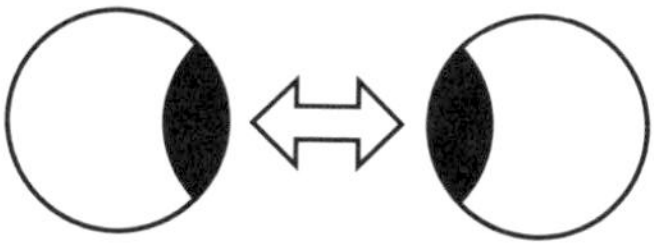

最重要的是，我們很喜歡去補充和糾正對方記得的那部分回憶。

不管是身為家人或同學，我們都很容易忘記在童年和青少年時期共同經歷的事情。路易絲已離世，我只能透過自己的記憶望遠鏡去遙想那些人事物。但往事真的是如我所記得的那樣嗎？我如今對故人的理解是準確的嗎？那些回憶是否被扭曲了，或只是我內心的投射而已？我再也無法找到答案了。我沒有自信能獨自重溫或修改那些記憶。不管是在當下或未來，我與路易絲共有的過去都只能任由我一廂情願的思緒和幻想所擺布。

假消息、假新聞氾濫的現代生活

記憶者若有兩個以上，就會形成集體記憶（例如九一一恐攻事件）。與個人記憶一樣，集體記憶也會失真甚至消失。同樣地，這種侷限性也是出於集體經驗不夠紮實，以及解釋力和想像力不足。當然，我們不會記得出生前、沒有遇過以及大腦尚未成熟時的事情。這時，我們只要依靠歷史書籍、圖片和影像，就可以形成集體記憶。

但我們前面已經說明，記憶並不像影片或圖片，也不像歷史記載那樣會原音重現。所以集體記憶也很容易於出錯，特別是從影像來的資訊。除此之外，集體記憶還很容易被扭曲，尤其是某群人將自己的文化、態度與價值觀，加諸在另一群人身上。

如今，許多文化的核心都很單調，也就是現在論（presentism）。在此風氣下，社會大眾沒有批判性，一昧地死守既有的態度和信念，並用當前的價值觀去理解過去的人。這些人不願好好面對未來，就像得了反向的失憶症一樣。

幾十年前，美國作家戈爾．維達爾（Gore Vidal）以嘲笑口吻說美國人都生活在「失憶症之國」（United States of Amnesia）。維達爾的評斷有點誇張，但他確實點出了一個問題：該如何準確地看出過去事件的全貌，而不是把現代人的感受與信念投射到古早以前的人們身上？

另一個相關的議題也引起激烈的討論：該如何應對未來的流行病？眼前的健康危機過去後，我們能否記取教訓，還是會把它完全忘掉，個人和集體記憶都被抹去？拜登總統的科學顧問埃里克．蘭德（Eric Lander）寫道：「如果大家都願意接種疫苗來保護自己和親人，新冠疫情就能走入歷史。但在未來幾年，我們仍必須去治療此疫情的副作用：集體失憶症。」

在政府與社群媒體聯手下，網路上處處都是假新聞，更加重社會的集體失憶症。這些資訊不僅會影響大眾的觀念，還會形成虛假的共同記憶。《暴露：數位時代的欲望和不服從》（*Exposed: Desire and Disobedience in the Digital Age*）作者哈寇特（Bernard Harcourt）寫道：「我們生活在資訊暴露的社會中，個人資料都洩漏給了政府單位，科技公司因此有權力毫無限制地去使用它們。我們都知道這個情況，但還是自願且任意地暴露個資。」

在我們生活環境中，監控裝置越來越多，但被扭曲的集體記憶並沒有變少。有些監視措施是良性的，另一些是有害的，而有待商榷的更多。但大家都知道，監視器和智慧型手機的定位令大家無處可躲，而且這個趨勢會持續下去。

有史以來，人類第一次經歷這樣的時代：每個人在外的行為和活動，都受到政府和私人單位蠻橫又不眠不休地蒐證。我們也習慣從影片去觀看大小事件和周圍的人。現在有許多法院的判決都依賴於影片，而大家也不反對用監視器畫面來作為決定性證據。

想想看，現代人平凡的一天會接觸到多少科技產品。開車上高速公路時，會遇到車牌辨識器和監視器。我們身上的手機會被谷歌GPS衛星偵測到。到了公共場所，藍芽信標和Wi-Fi訊號無所不在。打開臉書、推特和抖音，隨時都有人在做直播、上傳短片。AT&T、T-Mobile和Verizon這些電信公司都在收集大家的GPS位置。地理圍欄

（Geofence）打造了虛擬的邊界。Apple iCloud有上億的用戶。Cellebrite能用來解鎖和複製手機內容。

我們以前都說眼見為憑，但今日看到的畫面可能跟事實相距甚遠。現代人可以用各種方式修改照片，以假亂真，讓當事人身處於從未發生過的情境。既然記憶容易受損，所以只要透過科技裝置，就可以捏造記憶。

某個事件只要透過科技被記錄下來，而且大家都認可它的有效性，就會進入集體的記憶中。因此，現代人所面臨的最大挑戰，就是要辨識出真實發生過的事情（並記住它）。畢竟今日科技如此發達，人們又容易抱持著現在論的觀念，所以會把事件的說明與詮釋當作事實。

記憶戰爭

針對過去的某些事件，眾人分別描述並加以統合、認可後，便稱之為歷史性記憶（historical memory）、集體記憶（collective memory）或社會記憶（social memory）。與個人記憶一樣，歷史性記憶是流動的，也很容易受到影響。尤其在重大的歷史或政治轉折點，執政者都會重塑記憶。這就是心理學家和歷史學家所描述的記憶戰爭。

例如，我現在這段話寫於二〇二一年九月六日，也就是二〇〇一年九一一事件二十週年的前五天。我們現在對那個日子的回憶，大多取決於自己當時得知消息（「飛機撞上世貿中心」）時的年齡與所在位置。

有些人當時還很小，所以他們的集體記憶就只是一團陰霾，而事發經過是從較年長的人那裡聽來的。但對於當時已成年的人來說，這些集體記憶也混入了現在的想法和感受，因為我們隨後在阿富汗對塔利班進行了長達二十年的報復行動。從歷史上來看，美國本土所遭受到最嚴重的攻擊，就是九一一事件，所以從二〇〇一年的時空背景來看，報復是合理又必要的行動。二〇二一年，美軍從阿富汗倉促撤退，於是有些民眾開始懷疑當年的報復是否適當。

在二〇〇二年，根據《華盛頓郵報》的民意調查統計，百分之五十五的美國人表示，政府針對九一一事件的一系列軍事行動，的確讓國家變得更好了。但在十年後的二〇一一年，同意這個結論的人變少了。到了今天，有將近一半（百分之四十六）的美國人認為，九一一事件後的軍事行動讓國勢走衰；認為國家有變好的人，只剩下百分之三十三了。《紐約時報》的專欄作家波涅沃齊克（James Poniewozik）解釋了這段歷史記憶的變化：「這些軍事行動引發了一連串的波動，包括戰情陷入膠著、國內的種族歧視，而民眾也對政府喪失信任。有心人士於是利用這些波動去破壞民主、削弱美國國力，最終間接實現了賓拉登的目標。」

《華盛頓郵報》的編輯卡洛斯・露山達（Carlos Lozada）在〈九一一是一項考驗，但我們沒通過測試〉一文中提出嚴厲的批評：「官方針對九一一的回應行動並未體現國家的最高價值，反而顯露出最惡劣的一面。官員冷漠、傲慢又無知，不只欺騙人民，還捏造不存在的敵人，只為了逞凶鬥狠。」

二〇〇一年九月十一日為《紐約時報》撰寫社論的記者施梅曼（Serge Schmemann）在心態上也有所轉變，他說道：「九一一那天令美國人迷失方向，導致阿富汗戰爭最後走向悲慘、醜陋又毫無意義的結局。」

該如何去解釋過去的事件，該如何將它們融入後來的記憶，眾人的意見非常分歧。而且，社會上有許多錯誤訊息，改變了人們對那些事件的感受和觀點，所以大家更難達成共識。

上述問題在二〇二一年十一月出現一點曙光，當時阿斯彭研究所的資訊失序委員會（Aspen Institute's Commission on Information Disorder）提出了八十頁的報告，內容指出：

> 在今天，錯誤和虛假的資訊已成為強力的催化劑，讓嚴重的社會問題更加失控。在這個被謊言所扭曲的世界裡，每天都有數億人深受其害。

虛假資訊的來源，就是某些人士或單位基於特定目的（如政治、經濟或輿論）而假造出來的訊息，或是策略性地誇大某些消息，進而誤導公眾的想法。而錯誤資訊不一定是故意製造出來的。但無論是哪一種假消息，結果都是一樣的：

> 錯誤和虛假資訊會傷害到我們所生活的現實世界。政府隱瞞公共衛生問題、候選人用詐術贏得選舉、性暴力的加害者滿口謊言，還有商人用掠奪行銷來誘騙消費者。

這些資訊最可怕的地方，在於它們會慢慢腐蝕個人和集體的記憶。我們被誘導去相信假消息後，其他的想法也會跟著改變。更糟糕的是，那些始作俑者通常不是為了改變一般人既有的想法，而是要加深某些錯誤觀念與信念。

資訊失序委員會在報告最後談到：

雖然虛假和錯誤資訊是由惡毒的有心人士創造出來的，但它們沒有魔力，不會催生出偏激的看法、性別歧視、種族主義或霸凌言行。相反地，有了這些資訊，閱聽大眾和消費者才藉口去相信內心早已認同的偏見。而這就是防制假訊息最難的地方。

更令人擔憂的是，某些民主陣營的領導人甚至表示，應該要以暴制暴，用錯誤資訊和虛假資訊來打擊對手。

法國國防部長帕利（Florence Parly）在二〇二一年十月公開說道：「可操弄、顛覆人心的虛假資訊是一種武器。」這一點大家都不反對，但問題是，像法國和美國這樣的民主國家有理由去使用這種武器嗎？

用謊言對抗謊言，人們更就難了解世界真實的樣貌。更重要的是，一旦假消息滿天飛，我們就不知道哪些事情應該記下來。由此看來，記憶戰爭的確開打了。接下來的議題也與此有關。

「誰控制著過去，誰就控制著未來」

記憶律法一詞可以追溯到二〇〇五年十二月，當時法國作家弗朗索瓦茲．尚德納（Francoise Chandernagor）在《世界報》上寫了一篇具有高度批判性的文章，內容是關於「歷史學家被迫去用某些視角來審視過往」。

在那兩年後的二〇〇七年，西班牙制定了針對獨裁者佛朗哥及其政權的歷史記憶法。除了譴責佛朗哥，它還禁止人民「擴大解釋」與一九三〇年代西班牙內戰有關的領導人和象徵。

記憶律法的定義是：

政府對歷史事件有解釋權，而立法者或司法部門對過去的事件有絕對的話語權。在制定相關法律的過程中，互有牴觸的詮釋會被淡化、邊緣化甚至遭到禁止。

在世上的某些國家，人們若挑戰官方的歷史觀點、討論哪些事情應該被記住，就會觸怒當局。這些政府禁止人民對歷史事件表達自己的看法，更不能偏離或牴觸官方的版本。人民若以不同的角度回憶過往，就會成為眾矢之的，甚至受到懲罰。

只要一碰觸到當局的底線，某些事件或當事人就會被消失或刻意遺忘。二〇二一年九月，中國女演員趙薇在中國媒體版面失蹤了好幾個月。大家都不再提到她，在被封殺的這段期間，她的名字在網路上搜尋不到，彷彿她從未存在過一樣。

制定記憶律法的風潮在短時間內不會消失。就在二〇二一年我寫作的當下，北京正舉行高層會議，預計將通過一項決議，以重新評述中國共產黨的百年歷史。《紐約時報》的駐外記者巴克利（Chris Buckley）寫道：

> 表面上看是討論歷史問題，但中央委員會的決議就是聖旨，未來幾十年中國的政策和社會都會因此受到影響。可想而知，往後將會有一系列激烈的思想灌輸運動，跟中國現代史有關的教學內容，以及教科書、電影、電視節目和甚至教室布置都會有一致的風格。

巴克利的觀察令人震驚。此外，德國弗萊堡大學的中國專家丹尼爾．里斯（Danial Leese）也預測，未來中國會變成歐威爾筆下的全監控社會：

中國當局的目的是建立一個共同的框架，一個對過去和未來的共同願景。如果你不去統一權力圈裡所有人對過去的想法，就很難讓大家對未來抱持一致的看法。

新加坡國立大學教授吳木鑾也同意上述觀察：

掌握對歷史的話語權並打壓其他觀點，一直是一黨獨大政權的特色。習近平控制一切，從軍事到政策無所不包，現在更試圖要進行全面的思想控制。

記憶律法證明了歐威爾的先見之明，也就是說，當下的時局會影響到全體記憶的構建。正如《一九八四》的名言：「誰控制著過去，誰就控制著未來。誰控制著現在，誰就控制著過去。」縱觀我們的一生，記憶總是受到當前社會的風氣和信念所影響，而它們會隨著歲月的流逝而發生變化。關於這種記憶的可變性，我們四周還有許多例子。

在普丁統治下，俄羅斯日漸衰微，而這就是「縱向權力」對民主帶來的危害。普丁發明這個概念，其含義為「從高層往下治理」。卡內基莫斯科中心的研究員鮑諾夫（Alexander Baunov）表示，在這個從上而下的系統中，權力被精英所把持，並以自身的利益作為施政的準則。「我們都知道什麼是『縱向權力』了。如今，這個國家也想對人民建立『縱向記憶』。」鮑諾夫有感而發，因為普丁也想篡改歷史，特別是針對古拉格勞改營的定位。

這種行為令人不寒而慄。十九世紀有位儒家學者說過：「要摧毀一個國家，首先必須根除它的歷史。」

有些讀者認為，這一切只會發生在極權國家，在民主世界不會有這種行為。

二〇二〇年，就在《華盛頓郵報》公布九一一二十週年民意調查的那一天，示威人士拆掉了內戰時期南軍統帥羅伯特．李將軍的雕像，它位於維吉尼亞州首府里奇蒙的主幹道上。這個十二噸重、六點四公尺高的李將軍騎馬青銅雕像已經矗立在那裡一百三十年了。時任州長諾瑟姆（Ralph Northam）在拆除之際表示：「這是重要的一步，它象徵我們的價值觀以及民主共和的精神。」雕像的捍衛者則回應說，拆除紀念碑是要竄改、抹去歷史。哪邊才是對的？

以上關於記憶律法和歷史記憶的例子，是要讓讀者認識到，集體記憶就像個人記憶一樣，只要透過強制執行的手段，就會悄悄地被改變。學校和媒體所講述的歷史，一旦被公眾認可，就會成為你的記憶。這就是記憶的侷限，只要你願意接受，它就會變成真的。因此，若有人巧妙地對我們施加壓力，讓我們偏好某種歷史詮釋，之後我們就會深信不疑，並成為自己的記憶基礎。所以，我們必須持續保持警醒，審慎評斷當前接觸到歷史詮釋。社會也應不斷自我提問，要用哪些方式記住與挑選集體記憶。畢竟，當前有許多政治和社會勢力要透過潛移默化的方式影響我們的觀點和記憶。

其次，我們必須謹記在心，集體對於過往的記憶和詮釋，會形塑今日和未來的世界。天主教舊金山總教區的大主教科迪利昂（Salvatore J. Cordileone）在《華爾街日報》專欄中談到：「我們所想要實現的未來藍圖，都取決於我們今日要記住過去的方式。」

然而，就現階段而言，能創造、摧毀和扭曲記憶的強力工具和媒介，就是科技。

惠妮・休斯頓再次登場

如今手機上有許多方便又容易取得的應用程式，是我們記憶力的最佳幫手。近年來，智慧型手機的攝影功能越來越強，一般人也能夠拍出令人歎為觀止的照片。但是，用科技裝置來取代人類的記憶力是有代價的。

渡假時，環顧一下四周，眾人都瘋狂地在拍照。我們對於旅遊的記憶全都侷限在那些照片，因為大家沒有用肉眼去好好觀看風景。因此，這些照片不是記憶的標記，而是記憶的替代品。

科技可以強化和補充我們的體驗，進而形成個人的記憶基礎，但它會導致記憶力萎縮。因為有太多人認為，既然手機鏡頭可以拍下一切，那何必集中注意力，費心把人、事、物記在腦海中呢？

為了避免記憶力退化，我們應該將照片視為輔助工具，以補充人在現場沒有觀察到的東西。舉例來說，我們很難記住大學室友婚紗上的所有細節，但拍張照片留存，將來就可以填補不足的回憶。

科技日新月異，已顛覆了我們對「過去、現在和未來」的概念。舉例來說，有天你在電視上看到演唱會影片，而且還是你最喜歡的女歌手，所以你聽得非常入迷。但聽著聽著，你突然感到毛骨悚然，因為電視畫面上標註了「現場同步轉播」。但這位歌手已經去世九年了啊？

直到現在，我們都還是一致同意，死亡就是生命的終點（至少在地球上）。去世後，我們永遠留在過往與歷史中。但現在，多虧了虛擬技術，我們還能感受到往生者的風采，好像他還活著一樣。

二〇二一年秋天，多次獲得葛萊美獎的歌手惠妮・休斯頓在拉斯維加斯舉行了一場演唱會，門票銷售一空。當然，台上的樂手和舞者都是活生生的真人，但「惠妮・休斯頓」卻是一名替身女演員；透過電腦科技，工程師將惠妮在當紅時期的面孔投射到女演員的臉上。透過高科技，「惠妮」在死後復出，不但在舞台上踱步、隨音樂擺動身軀，還向粉絲大聲吶喊。這以假亂真的表演，讓現場樂迷感受到她當年的風采，而暫時忘記她去世十年了。

不過，觀眾會用什麼角度去看待這場高科技演出？當然，不會有人把它歸入「惠妮的歷年演唱會」當中，而是把它看成虛擬科技的高度展現。問題是，類似的演唱會越逼真，我們就越難區分它們是「現實」或「虛擬」的記憶。將來我們會更加懷疑，自己看到或聽到的東西是否為真。

往生者在螢幕上活靈活現，這種娛樂節目的逼真程度，足以喚起我們內心的不安感，這也就是人工智慧專家所謂的「恐怖谷理論」（uncanny valley）：當虛擬人物太過真實時，反而會給人詭異、荒誕和不安的感受。

*譯註：十四行詩的譯文大意如下：

我不相信真正的愛會遇到無解的阻礙
若有，那便不是真愛
真愛不會因困難而變節
真愛不會因困難而放棄
絕不，因為愛是亙古不移的燈塔
面對風暴亦不為所動

因為愛是指引迷航的恆星
價值無可比擬
真愛不會因時間而流逝
儘管容貌受到歲月的摧殘
真愛依舊如昔，分秒不變，直至時間的盡頭
此言如若有誤
我就不曾寫過詩文，亦無人有過真愛

CHAPTER

7

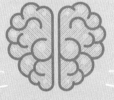

強化記憶的生活好習慣

THE COMPLETE GUIDE TO

MEMORY

藥物副作用太多

經常有人問我，是否有可以增強記憶力的藥物。答案是肯定的，但它們是管制藥品，必須由醫師開立處方才能服用。這些藥物包含苯丙胺，它會改變多巴胺受體，可在短期內增強記憶力，在應付考試時特別有用。但這種化學反應跟生理狀態是短暫的，它所產生的記憶力只是一種狀態依賴（state dependent）。更嚴重的是，這種興奮劑的副作用很多，會使血壓升高、脈搏加快，進而引起心臟病發作或中風；它還有可能誘發恐慌發作或焦慮感。簡而言之，我不推薦用藥物來強化記憶力。

除了嚴重的副作用，這些藥物的效力的確非常有限。不過，科學家將來也許能研發出更安全、不帶有致命因子的記憶力藥物。即便如此，狀態依賴的問題仍在。科學家已證實，若為了創造某段記憶而調整大腦的狀態，那將來只有進入那個狀態，你才能想起那件事。

不過其他管道已有進展，科學家發現，加強大腦的化學作用也能增強記憶力。研究人員從活躍的老鼠身上抽取血液，接著注入待著不動的老鼠，後者的記憶力便有所改善；牠們能更快走出迷宮，也更能記住那條路線。這個原理在於降低老鼠大腦中的發炎反應。早期研究已顯示，輸入愛運動的血液後，叢生蛋白會清理血管壁的某些細胞。而在患有阿茲海默症的老鼠身上，那些細胞有發炎症狀，並導致記憶力下降。

然而，謹記以下兩項警告。首先，在老鼠身上有效的機制，不一定能成功運用在人類身上。其次，如果這個實驗要在人類身上進行，那麼最好先從運動者的血液中分離出叢生蛋白等活性成分，接著研發效果一樣的藥品，這樣對受試者比較安全。

雖然在不久的將來，增強記憶力的藥物應該會出現，但在今時今日，更為可靠的方式是睡眠、飲食和運動。

午睡是最有效的充電方法

睡眠能提升各種類型記憶的強度和品質。最近的研究發現，在睡眠時，大腦會特別強化那些編碼時較鬆散的記憶。換句話說，在你記憶劇場的各種畫面中，那些模糊的影像會在你休息時變得更清楚。你在清醒時對某件事情的印象若很模糊，在你睡覺時它就會鮮活起來。因此，只要有充足的睡眠，就算是編碼不完整的記憶，也不會馬上退化或消失。

午睡能提升記憶力。中午休息個三十分鐘，就比較能回想起早上已編碼的記憶。在一項研究中，受試者可選擇打盹片刻或觀看紀錄片。之後，研究人員請兩組受試者背一張字彙表。相較於觀看紀錄片的受試者，打盹片刻的受試者記憶力好上百分之二十一。除此之外，後者大腦的睡眠紡錘波也比較活躍，這代表他們的記憶編碼力更好，從功能性磁振造影來看，他們的海馬迴也很活躍。前面已經談到，海馬迴是大腦形成記憶的初始點。

許多研究都證實，若夜間睡眠品質不佳的話，用午睡來補足就好了。午睡能有效提升記憶力，對於青少年和年輕人最有助益。

進入深度睡眠時，與記憶相關的神經細胞突觸連結會更緊密。這些突觸沿著神經通路將各種訊息從海馬迴傳送到皮質，並且變成長期記憶儲存起來。這就是記憶鞏固的機制。

因此，午睡是有益身心的好習慣。不過，並非每個人都能在最適合的時間（下午一點至四點之間，與晝夜自然的交接一致）順利睡著。如果你中午時難以入睡，請不要太氣餒。準備午睡時，試著放鬆心情，在昏暗又安靜的空間裡或坐或躺，也不用逼自己一定要睡著。持續個幾天，大腦會覺得這個狀態與夜晚入睡時相似，之後你就能順利午睡了。

接下來請你評估一下，午睡後醒來的感覺如何？還覺得昏昏欲睡、爬不起來，就代表你睡太久了。午睡太久會擾亂晝夜節律，到了晚上你就會睡不好。多年來，我都習慣午休半小時。其實睡十五分鐘就夠了，醒來時你一定會精神煥發、活力滿點。

要衡量好的午睡品質，標準在於醒來時比睡前更有精力。根據我的經驗，午睡的長度（十五分鐘到半小時）要固定，時段也要規律（最好在午餐後，這樣自然就會想睡覺，吃下很多碳水化合物的話更是如此）。養成午睡習慣需要一段時間，但請保持耐心。午睡非常神奇，可以強化記憶力，還可以讓你身心充飽電。

吃得健康才有本錢訓練腦力

無數的專家和研究都談到食物對記憶力的助益，但眾說紛紜，我們並不確定哪種方法特別有效。不過，若有方法能預防失智症，就等於在保護記憶力（雖然不一定有增強的效果）。在我們年紀增長、記憶力下滑時，若飲食習慣保持良好，就比較有機會能預防失智症。我前面已經談到，患有各種類型失智症的人，記憶力一定都會變差。

基於上述說明，讓我們先從某個具代表性的研究來探究食物對記憶力的影響。（巧克力愛好者如果讀到這一段，一定會很開心。）二〇二〇年，有學者在《營養學》期刊發表研究，證明了黑巧克力能增強年輕人的情節記憶力。可可豆含黃酮類化合物，它可以促進大腦的血液循環，進而改善記憶力。

神經科學家發現，只要強化齒狀迴（dentate gyrus，在海馬迴裡面），記憶力就會變好。隨著年齡的增長，齒狀迴會變小、功能會變差。研究人員找來了五十二至六十九歲的受試者，請他們連吃三個月的富含類黃酮的食物。透過功能性磁振造影和認知測試，研究人員發現，他們齒狀迴的功能變好了。除了巧克力之外，許多食物都能降低罹患失智症的風險。

哈佛醫學院的烏瑪．納多（Uma Naidoo）博士是營養精神醫學專家，她做了大量的實驗，發現許多食物都能促進大腦全方位的健康。不過她強調，飲食只能維持記憶力，若要增強記憶能力，就必須定期練習、鍛鍊腦力。

當然，大腦越健康，這些練習的效果就越好。所以納多博士的建議很有道理的：有健康的大腦才能維持良好的記憶力。維持良好的飲食習慣，身體才不會疲累，也更有動力去進行各種記憶訓練法。以下是納多博士推薦的三項健腦食物：

莓果：它充滿抗氧化劑、礦物質和維生素。藍色、黑色和紅色的莓果都好，每一種都帶有不同的黃酮類化合物。綜合食用各種類的莓果益處多多。

發酵食物：食物中若含有某些微生物群，其糖分就會轉化為乳酸，便可以促進腸道中有益細菌的生長。這類食物包括味噌、康普茶、克非爾奶、優格和泡菜。

綠色蔬菜：它們富含葉酸，以及有助於神經傳導的維生素B。芝麻菜、西洋菜、菠菜、瑞士甜菜、野菜蒲公英和萵苣都不錯。

這些食材要如何納入健康飲食中？最好的方法就是地中海飲食法。它包含大量的蔬菜、水果、豆莢、豆類、堅果、麥片、穀物、魚類以及橄欖油（富含不飽和脂肪酸）；雷區則是含糖飲料、披薩、果汁、甜味麥片、油炸食品、甜點、餅乾、炸薯條和薯片。

麥得飲食法對大腦健康也很有益，它比地中海飲食法更嚴格：

每天必須吃三份全穀物，諸如藜麥、大麥、蕎麥、糙米飯等；一份不含任何增肥熱量調味料的沙拉。最好再搭配一份蔬菜與一杯葡萄酒。零食只能吃堅果類。每隔一天吃半杯豆類。每週可以吃兩次家禽類和半杯莓果。每週至少吃一次烤魚。

在這兩種飲食法中，我個人傾向於較不嚴格的地中海飲食法，再搭配麥得飲食法某幾項就好。方法很簡單，避免碰到禁區，從清單中挑選自己喜歡吃的東西，也不需要嚴格控管分量。這兩種飲食法所規定的碳水化合物食用量，比政府給出的標準建議量還要少，所以大家會用來減肥。我不是素食主義者，偶爾還是會吃牛排等紅肉，雖然這不在它們建議的選項中。

地中海飲食法和麥得飲食法的禁區大致相同：加工類的甜食、油炸物、高升糖的碳水化合物以及飲酒過量。

這兩種飲食法各有其支持者，但預防阿茲海默症的成效尚待證實。

一天兩杯咖啡

近期的研究顯示出，現代人對咖啡和茶類攝取量越來越高，而失智症的發病人口卻有降低。根據英國生物銀行（UK Biobank）於二〇二一年十一月所釋出的資料，在三十六萬五千六百八十二名受訪者裡，每天喝兩到三杯咖啡和茶的人，罹患失智症的風險降低了百分之二十八。

在《老齡化神經科學前沿》期刊上，有學者研究澳大利亞飲食法，發現咖啡的效果很好（但沒有針對茶飲）。在兩年又二十二個月內，受試者每天飲用兩到三杯咖啡，結果證實，他們的認知退化速度趨緩，大腦內的β澱粉樣蛋白積累變少，後者是一種有害的剩餘物質，累積太多的話會形成阿茲海默症。

戒酒好處多

針對這種十分普及的飲品，學界所發表的意見每個月都不一樣，甚至每天都在改變。「法國健康與醫學研究院」於二〇一八年在《英國醫學期刊》上發表其研究成果，結果卻令人感到困惑。與適度飲酒的人相比，九千名滴酒不沾的人罹患失智症的風險反而更高。難道這是在勸每個人多少都要喝點酒嗎？不知何故，這結論似乎不太正確。雖然酌量飲酒不會對身體造成負擔（每週最多十二杯），但我很難相信酒精對身體有益或絕對不會導致失智症。基本上，它是一種微小的神經毒素，可以殺死腦細胞，只是毒性很低。

我搜尋了各地的文獻，針對輕度到中度飲酒人士的健康狀況，學者一致同意：戒酒最好。

首先，大家都說，只要健康狀況允許，每日小酌兩杯有益健康，但研究人員發現，這些都是「虛假的場面話」所造成的。加拿大的心臟病學家拉伯斯（Christopher Labos）發現，在某些提倡小酌的研究中，被歸類為「滴酒不沾」受試者，實際上以前是有飲酒習慣的，有些人甚至得戒酒才能保命，但都被列入對照組。他們以前飲酒過量所造成的慢性病，例如肝炎和胃腸道疾病，都是到成為受試者時才惡化。因此，研究人員才認定小酌比不飲酒更為健康。

為了避免他們講場面話，研究人員在徵求「滴酒不沾」的受試者時，都要調查他們以前的飲酒習慣。也就是說，對照組的成員一定得是從小到大都沒有喝過酒的人。

拉伯斯說：「找出了這些實驗的漏洞後，你就會發現，酒精對健康的助益微乎其微，甚至可說不存在。整體而言，它對我們的社會確實是弊大於利。」

至於酒精對記憶力的影響（本書關注的焦點），研究成果並不明朗。我前面有談到，失智症的患者記憶力一定不好；所以只要確保記憶力正常，就能確認自己沒有失智症。當前並沒有證據顯示，酒精在破壞記憶力的同時，其他認知能力可以毫髮無傷。也就是說，酒精會全面性地破壞認知功能，並在最後演變成失智症。

最近，法國研究人員調查了一百多萬的失智症病例，發現酒精是最嚴重的風險因子，他們總結道：「它比高血壓和糖尿病更危險、更容易導致失智。」

二〇二一年，英國生物銀行調查了兩萬五千名參與者，確認酒精沒有安全劑量可言。研究人員也發現，酒精對身體所造成的影響，跟記憶力下降和失智症的生理狀況一樣。

「小酌有益健康」的迷思，可能是受試者的年齡階層所影響：他們都是身強體壯的人。的確，酒精對身體的危害程度，會隨著年齡而有所變化。酒精對三個年齡層的人特別有害：（1）從受孕到分娩的妊娠期，所以孕婦不該喝酒；（2）青春期（十五至十九歲）；以及（3）老年（六十五歲以上）。

有鑒於老年人所背負的風險因素，我都會建議患者，最遲在七十歲時一定要戒酒。六十五歲以後，大腦的神經細胞會大減，但老年人更要維持腦力，這時戒酒才是王道。

微運動

過去二十年來，相關研究已證實，定期運動非常重要。以前的觀念錯了，也就是激烈運動才有效果。巴西佩洛塔斯聯邦大學的研究團隊進行了一項非常重要的研究。他們在英國調查了八萬兩千八百名參與者，當中男女各半，平均年齡為六十三歲，調查期間從二〇〇二年至二〇一九年。在這項老齡化縱向研究中，他們發現，體育活動與較低的失智症風險有關。比起五十至六十九歲少運動的中老年人，經常進行中高強度活動的八十歲以上老人，罹患失智症的風險較低。

光是從「久坐不動」、「不愛走路」變成有「微運動」的習慣（不時站起來、多爬樓梯、每天步行一點五公里），身體也會明顯變好。《英國醫學期刊》上面有篇令人苦笑的有趣研究，除了各種運動，做家事也能提升老年人的注意力、記憶力、感官敏銳度和活動力。這再次提醒我們，只要集中注意力、起身運動，就算時間很短，也對健康有益。

更進一步看，任何類型的體育活動都能促進突觸的連結和認知韌性。

附錄一

美國的記憶力錦標賽現場

在本書許多章節，我都提出一些記憶練習來強化你的記憶力。只要持續練習，你就會發現，你的進步程度與專注力成正比。在開始閱讀本書前，每個人的記憶力程度不同，因此設定的練習目標因人而異。但無論如何，記憶力是有彈性的，總是有改善的空間。

應該有一小部分的讀者想要有競賽等級的記憶力，我也顧及到你們的需求。

第十七屆美國記憶力錦標賽在曼哈頓下城的聯合愛迪生總部舉行，當時我獲邀要在比賽結束時發表演講。因此，我一整天都在觀察賽事的進行，上午有四場預賽，下午有三輪的決賽。以下是本屆賽事的概況。

總共有三十二名心智運動員報名參加。首先需進行資格賽，參賽人數從上午的三十二人，淘汰到八名選手以進入下午的決賽。

在上午的比賽中，三十二名心智運動員坐在長桌旁，每張桌子各有四位選手，桌子的一端架設了監視器，以確保所有選手都遵守競賽規則。在資格賽中，有些運動員戴著墨鏡和耳機，以提高注意力和專注度、避免分心。

早上的第一項賽事是「記住名字和面孔」。每位參與者都拿到了一疊總共一百一十七張的彩色大頭照，他們得記住每張臉孔的姓名。幾分鐘後，他們拿到了人物相同的另外一疊照片，但上面沒有姓名，排列順序也不一樣。他們必須正確地識別出照片裡人物的姓名；只要寫出正確的答案，就可獲得一分。

第二項賽事是「快速的數字記憶」。電腦會隨機生成數字表，每行有二十八位數字，每頁有二十五行。完整記下每一行數字，就會獲得二十分。

第三項賽事是「詩歌記憶」。主辦單位給每位心智運動員看一首詩，並要他們背下來。接著，他們要從第一個字開始，按照原樣默寫出來；字詞拼對、大小寫、標點符號寫對，都能獲得積分。

上午的最後一場資格賽是「快速背撲克牌」。工作人員會拆開一副全新的撲克牌並馬上洗牌，而心智運動員必須記下五十二張牌的花色與順序。記住後，參賽者得將整副撲克牌正面朝下放在桌子上。接下來，工作人員會打開第二副全新撲克牌並洗牌。參賽者拿到第二副牌後，要馬上按照第一副牌的順序排好。在最短時間內排好的運動員將贏得該場賽事。

午休後，積分最高的八位心智運動員，繼續進行下午的三輪決賽。

第一輪：字詞記憶

每位參賽者拿到相同的字詞列表，一共有五行，每行有二十個字，當中包含具體名詞、抽象名詞、形容詞以及動詞。然後，他們回想列表中有哪些字詞。參賽者依序說出字詞，當中若有人想不起來或說錯，就會被淘汰出局。第一輪會淘汰兩位參賽者。

第二輪：三振出局

主辦單位將邀請六位觀眾上台，說出他們的個人資訊，包括姓名、出生日期、電話號碼、住址、最喜歡的寵物、最喜歡的三種興趣、最喜歡的汽車、最喜歡的食物等。幾分鐘後，心智運動員必須一字不漏地說出這六人的個人資料。每個參賽者只能犯兩次錯誤，第三次再錯的話將遭到淘汰（三振出局）。這一輪比賽會一直進行，直到剩下三名參賽者。

第三輪：兩副撲克牌

接下來是冠軍賽。剩下的三名心智運動員必須記住兩副撲克牌的順序。他們分別拿到兩副撲克牌，而且排列順序都一樣。背完後，從第一副撲克牌的第一張牌開始，選手接連大聲說出每張牌的花色與數字，直到第二副的最後一張牌，但一說錯就馬上淘汰。

最後，納爾遜．德利斯（Nelson Dellis）贏得本屆美國記憶力錦標賽的冠軍。之後他推出個人著作《記住它》（*Remember It*），非常值得一讀。

附錄二

重點複習

透過本書的各項說明，希望你已經牢記三大觀念：

一、記憶力是保持心智敏銳的關鍵

只要採用我所建議的方法去維護和強化記憶力，就能有效降低罹患阿茲海默症、失智症等退行性腦部疾病的風險。有良好的記憶力，才有機會遠離這些疾病。

二、記憶力跟肌肉一樣，具有力量、耐力和敏捷度

因此，想要有卓越的記憶力就多加練習。採用我所建議的記憶法，包括詩歌記憶法、圖像記憶法或是你自己建造的記憶劇場，那練習時就會更有趣，你也更能堅持下去。

三、記憶很脆弱，很容易受到外在力量（不論良性或惡性）的影響

- 廣告：製造不存在的懷舊情節。
- 政治：政府為了推動特定的語彙與體制，要人民以某種方式去記住過往與當前的事件。
- 現在論：只以當前的主流觀點去評斷過去的人事物。

以下是本書針對改善記憶力所提出的二十項建議。時不時反覆閱讀，就能喚起與記憶力相關的各項概念和練習。這些建議能幫你快速找到方向，讓你知道自己想要加強的記憶類型（情節記憶、語意記憶或程序記憶）。

1. 記憶力是注意力的自然延伸。只要用心關注某事，就能記住它。
2. 注意力、專注力和想像力是建立記憶的三項關鍵能力。
3. 增強記憶力就能強化晶體智力，後者是用過往經歷來解決問題，不會受到衰老的影響。

4. 工作記憶是最重要的記憶類型，它與智力、注意力和成就有關，每天都要設法練習。

5. 感官記憶。大腦會初步記下從感官接觸到外物的生理反應。視覺感官記憶（看到的東西）和聲像記憶（聽到的東西）是最主要的感官記憶。但也不要忽視氣味（嗅覺）和味覺。

6. 警醒度最高的時候，記憶力最強。有些人是夜貓子，在夜晚與破曉時分精神最好、最有專注力。有些人是雲雀，在清晨和上半天有高效率的記憶力。

7. 要記住某項事物時，可試著判定這會用上哪個記憶體系統。若是短期記憶，那這件事情只會在你腦海中出現幾秒鐘。若是工作記憶，它最多能維持好幾個小時，就看你記住這件事情的目的、強度和所付出的時間。若你想記住的東西需要有意識的注意力，那這就涉及情節記憶。使用工作記憶時，你會在內心自我對話，並且運用視覺和空間訊息。至於無法用語言文字描述的事情，它就屬於程序記憶或內隱記憶。

8. 記住了某些事情後，不妨挑戰自己，一次又一次地去回憶它，這樣就能強化你對它的長期記憶。時常回想你已記住的東西，記憶會變得更加深刻。

9. 相較於已完成的事物，大腦傾向於記住尚未完成的事情。因此，短暫休息有助於休息與工作表現。與其不間斷地埋頭苦幹，不如偶爾轉移注意力，做點輕鬆的消遣，這樣能記住的事情就更多了。

10. 訓練記憶力前，先弄清楚自己是屬於聽覺系記憶者還是視覺系記憶者。有些人特別能記住聽到的東西，有些人則是過目不忘。

11. 難以回憶起某些經歷、姓名或事件時，可善加利用心智圖。

12. 記下某項訊息時，請留心當下身處的環境。往後，只要能再現當時的情景，就更能想起那件事情。

13. 培養某些習慣或動作後，它就會融入你的身體，並成為程序記憶。如果你把這些無須意識的動作轉為有意識的行為，就會干擾程序記憶的運作。

14. 減壓的最佳方法，就是在心理上再次完整經歷那個事件或處境。這樣一來，就能提醒自己一定撐得過去、進而提高抗壓性。

15. 增強記憶力不用花很多錢，只要有紙、筆、碼錶以及錄音機就可以了。

16. 手機就是增強記憶力最有力的工具。以下幾種方法都不錯。

- 在手機上打出一長串的隨機數列，依據本書提供的記憶法去記住、回想。
- 拍攝有趣而複雜的環境照片，並試著記住當中有哪些元素，以增加你非語言性的記憶。
- 念誦短文並錄下來，接著專心背下這篇文章，之後再用這段錄音檔來驗證你記憶的成果。
- 打電話時，告知對方你會用電話錄音。講完電話後，寫下你所能記住的內容，再用對話錄音去驗證。你可以用圖像記憶法去記住那些事。例如，如果跟你講電話的人提到健身房，你就想像他更扛著槓鈴跟你聊天，而在那個槓鈴的手把上印有那間健身房的標誌。

17. 用藝術品作為背景，以融入你試圖要記住的東西。我最喜歡的背景畫作，是愛德華・霍珀（Edward Hopper）一九五七年的畫作「西部汽車旅館」（Western Motel），它目前在耶魯大學美術館展出。在這個平坦的畫面上，有大量的圖像可當作記憶點，例如大面的窗台、帶有長平板的床以及遠方平緩的山巒。專心研究這幅畫的細部，直到能在腦海中一一重現。

接下來，描述畫作中有哪些細節。你是否發現，床頭櫃上有個小時鐘和鵝頸燈。在畫作右下角的椅子上披了件衣服，它是什麼顏色的。試著回想所有細節，這就是一種很好的記憶練習。如果你能記住這幅畫作的所有細節，那就能可以把它當成你的記憶劇場。只要是有許多具象物品的畫作，都可以作為記憶的背景。

18. 培養睡午覺的習慣。不管是要應付考試或準備工作簡報，留出一段時間小睡片刻，就更能記住必要的資訊。午睡時，大腦會不斷整理記憶素材，並將它們編碼。

19. 運用畫面來記住瑣碎又不大重要的名字、術語或短語。我妻子養的狗是史奇派克犬（Schipperke）。當我陪妻子散步時，她常問我這隻狗的品種是什麼，但我總是答不出來。多次失敗後，我創造了一個畫面來記這個字：在一艘狗型的小帆船上，有一位魁梧的船長（skipper），並拿著一把鑰匙（key）。不妨試試看，遇到難記住的事情，就創造一個狂野、怪異的畫面來加深印象。

20. 用你常經過的地點建立記憶劇場。如前所述，我的記憶劇場中有幾個位置，都是我出門散步時會經過的地方。我還有另一個記憶劇場，是從診所走出來時會經過的地點。最多三個記憶劇場就好。最重要的是，你必須能以照片般的清晰度在腦海中看見那些記憶點。

你所付出的努力一定能強化記憶力。應用本書提出的各項原則與記憶法，就能實現這個目標。你一定會發現，增強記憶力不再只是幻想，而是如日常活動般輕鬆而有趣。

THE COMPLETE GUIDE TO

MEMORY

致謝

Christopher Baldassano, Columbia University
Anna Shapiro, University of Pennsylvania
Mark A. Gluck, Rutgers University-Newark
Martha J. Farah, University of Pennsylvania
Steve Joordens, University of Toronto Scarborough
Barry Gordon, Johns Hopkins University
Tony Dottino, founder United States Memory Championship
Michael Dottino, developer Brain Power Series
Giuseppe Aquila, CEO Montegrappa
Nelson Dellis, four-time United States Memory Champion
Alain Nu, mentalist and mnemonist
Jim Karol, mnemonist.

特別感謝Denise Leary所提出的諸多建議，以及Franziska Bening的大力幫助，讓本書能夠如期完成。

重要詞彙

- **杏仁核**：位於海馬迴前方的杏仁形大腦構造。形成或檢索記憶時，杏仁核會負責生成情感，包括各種正面與負面情緒（憤怒、恐懼）。它還能幫助我們辨識出特別重要或與眾不同的事情，例如在一堆藍色物品中的紅色物件。杏仁核是邊緣迴路的一部分，該迴路從大腦的一端延伸到另一端，有助於喚起和表達情感。當你感到憤怒、沮喪或快樂時，邊緣系統會處於「激動狀態」。
- **順行性失憶症**（**Anterograde Amnesia**）：無法形成新的情節記憶或語意記憶，但舊的記憶可能會被保留下來。
- **整合皮質**（**Association Cortex**）：負責統合感官接收到的訊息，屬於大腦皮質的一部分。
- **聯想心理學**（**Associationism**）：此派心理學家認為，記憶取決於各項事件、感覺或想法之間形成的聯結。只要想起一項事物，就可喚起對其他事物的記憶。

- **基底神經節**：大腦皮質（基底）下方的一組大腦結構，與行走等自動行為相關。走路時，前往哪個目的地的決定是在皮質完成，而身體的動作則是由基底神經節所主導。
- **卡普格拉症候群**（**Capgras Syndrome**）：患者會突然不認識自己所熟知的人，還把對方當成冒牌者。他們會深信自己家的狗被調包了，宣稱即使外觀和行為都跟原本的狗一樣，但就是有某些不同之處。
- **大腦皮質**：覆蓋著大腦頂部和側面的龐大腦部外層組織，裡面有無數個神經細胞，負責儲存感官輸入的資料和處理自主運動。
- **陳述性記憶**（**Declarative Memory**）：假如有人問你，「你家地址是什麼」，透過陳述性記憶，你就能清楚回答。它包括語意記憶和情節記憶。
- **回聲記憶**（Echoic Memory）：或稱為聽覺記憶。它讓你在腦海中保持或回憶聲音。這是一種感官記憶（聽覺）。
- **情感連結**（**Emotional Binding**）：有強大情感連結的記憶，在編碼時最完整，最容易被記住。

- **情節記憶**（Episodic Memory）：讓你記得在特定時空所經歷過的事件。
- **海馬迴**：海馬形狀的大腦結構，與杏仁核相連，是形成記憶的起始點。海馬迴與神經纖維相連，後者負責傳遞感官所接收到的資訊（觸覺、視覺、聲音、味覺、嗅覺）。目前學界認為，海馬迴負責協調這些感官系統，進而形成情節記憶和長期記憶。海馬迴也與邊緣系統（主要是杏仁核）相連。手握成拳頭時，伸出的拇指代表下顳葉。拳頭舉起來、拇指尖指向你自己，彎曲食指上方邊緣處是杏仁核，向內壓在手掌上的區域則是海馬迴。
- **圖像記憶**（Iconic Memory）：即視覺感官記憶，它讓你在腦海中記住或回憶起畫面。這是一種感官記憶（視覺）。
- **內隱記憶**（Implicit Memory）：這種非陳述性記憶由反覆的動作累積而成，而且是無意中形成的。內隱記憶與程序記憶密切相關，因為它未涉及到意識。
- **邊緣系統**：負責傳遞所有的情感與情緒，包括大腦中心各個相互連接的區域。它位於皮質的下方深處，包括大腦兩側的顳葉、丘腦和下丘腦、扣帶皮質、海馬迴、杏仁核以及周圍其他區域。

- **肌動程式**（**Motor Program**）**：**這項大腦功能讓人在完全沒有意識到的情況下，自動進行連續性的生理動作。
- **多重編碼**（**Multi Coding**）**：**將試圖要記住的訊息，與兩種以上的感覺（通常是視覺和聽覺）聯結起來。絕大多數的記憶法都是基於這個機制。
- **非陳述性記憶：**包括程序記憶與內隱記憶，即無法用言語表達出來的技巧與知識。
- **感知流暢性**（**Perceptual Fluency**）**：**融合當前和過去的經驗所產生的熟悉感。
- **語意記憶：**經由重複接觸而獲得的普遍知識。通常我們都很難想起在何處取得某項語意記憶。我們都知道艾森豪之後的下一任美國總統就是甘迺迪，但應該已都忘記在何時與何地知道這件事。
- **感官記憶：**由即時感知所產生的短暫記憶，例如當我們興奮地看到、聽到或品嚐某物時。
- **狀態依賴記憶**（**State-Dependent Memory**）**：**又稱為情境依賴記憶。重現記住某事時的地點、時間與心情，就更容易想起它。

- **工作記憶**：心智中的工作空間。短期記憶會暫時被保留，並根據我們當下的意圖，在腦海中重新排列和利用這些記憶，以構成其他素材。

McGaugh, James L. *Memory and Emotion: The Making of Lasting Memories*. Columbia University Press, 2003.

Nu, Alain. *State of Mind*. C.F. B Productions Inc., 2015.

Papanicolaou, Andrew C. *The Amnesias: Clinical Textbook of Memory Disorders*. Oxford University Press, 2006.

Pribram, Karl H. *The Form Within: My Point of View*. Prospecta Press, 2013.

Roediger, Henry III, Yadin Dudai, and Susan M. Fitzpatrick. *Science of Memory: Concepts*. Oxford University Press, 2007.

Tolving, Endel, and Fergus L. M. Craik, eds. *The Oxford Handbook of Memory*. Oxford University Press, 2000.

White, Ron. *The Military Memory Man*. 2009.

Yates, Frances A. *The Art of Memory*. Penguin Books, 1978.

Verhaeghen, Paul. "People Can Boost Their Working Memory Through Practice." The American Psychological Association's *Journal Of Experimental Psychology: Learning, Memory And Cognition*, Volume 30, No.6; (Nov. 4,2004).

著作

Abrams, Nelson Delis. *Remember It!* New York: Image, 2018.

Baddeley, Allan D. *Essentials of Human Memory*. Psychology Press Limited, 2006.

Carruthers, Mary, and Jan M. Ziolkowski, eds. *The Medieval Craft of Memory: An Anthology of Text and Pictures*. University Of Pennsylvania Press, 2002.

Cicero. *Rhetorica AD Herennium*. Translated by Harry Caplan. Harvard University Press, 1954.

Critchley, Simon. *Memory Theater*. Other Press, 2014.

Foer, Joshua. *Moonwalking with Einstein: The Art and Science of Remembering Everything*. New York: The Penguin Press, 2011.

Gluck, Mark A., Eduardo Marcado, and Catherin E. Myers. *Learning and Memory: From Brain to Behavior*. New York: Worth Publishers, 2008.

Joordens, Steve. *Memory and the Human Lifespan*. The Great Courses.

Lorayne, Harry, and Jerry Lucas. *The Memory Book. Stein and Day Pub*, 1974.

參考資料

論文以及期刊

Cousins, J. N., K. F. Wong, B. L. Raghunath, et al. "The long term memory benefits of a daytime nap compared with cramming." *Sleep*, 2019: 42 (1): zsy207.

Dennis, D., A. C. Shapiro, et al. "The roles of item exposure and visualization success in the consolidation of memories across wake and sleep." *Learning Memory* (2020): 451-456.

Lahl, O., C. Wispel, G. Willogens, et al. "An ultra-short episode of sleep sufficient to promote declarative memory performance. " *J. Sleep Res.* 2008; 17:3-10.

Leong, R. L. F., N. Yu, J. L. Ong, et al. "Memory performance following napping in habitual and non-habitual nappers." *Sleep* 2021; zsaa 27.

Ong, J. L., T. Y. Lau, X. K. Lee, et al. "A daytime nap restores hippocampal function and improves declarative learning." *Sleep* 2021.

Van Schalkwijk, F. J., C. Sauter, K. Hoedlmoser, et al. "The effects of day-time napping and full night sleep on the consolidation of declarative and procedural information." *J. Sleep Res.* 2019; 28 (1):e12649.

人生顧問496

記憶強化全攻略：美國最機智的神經科醫師教你運用聯想力，活化大腦、延緩失智，讓人生更有品質

The Complete Guide to Memory : The Science of Strengthening Your Mind

作　者——理查．瑞斯塔克（Richard Restak）
譯　者——劉宗為
責任編輯——許越智
責任企畫——張瑋之
封面設計——陳文德
內文排版——張瑜卿
編輯總監——蘇清霖
董 事 長——趙政岷
出 版 者——時報文化出版企業股份有限公司
一〇八〇一九臺北市和平西路三段二四〇號一至七樓
發行專線／（〇二）二三〇六—六八四二
讀者服務專線／〇八〇〇—二三一—七〇五、（〇二）二三〇四—七一〇三
讀者服務傳真／（〇二）二三〇四—六八五八
郵撥／一九三四—四七二四時報文化出版公司
信箱／一〇八九九臺北華江橋郵局第九九信箱
時報悅讀網——www.readingtimes.com.tw
法律顧問——理律法律事務所　陳長文律師、李念祖律師
印　刷——勁達印刷有限公司
初版一刷——二〇二三年八月二十五日
定　價——新台幣三八〇元

時報文化出版公司成立於一九七五年，並於一九九九年股票上櫃公開發行，於二〇〇八年脫離中時集團非屬旺中，以「尊重智慧與創意的文化事業」為信念。

記憶強化全攻略：美國最機智的神經科醫師教你運用聯想力，活化大腦、延緩失智，讓人生更有品質／理查．瑞斯塔克（Richard Restak）著；劉宗為譯
-- 初版 -- 臺北市：時報文化出版企業股份有限公司，2023.08
面；14.8×21公分. ---（人生顧問496）
譯自：The complete guide to memory : the science of strengthening your mind
ISBN 978-626-374-209-3（平裝）
1.CST: 記憶
176.33　　112012722

ISBN 978-626-374-209-3　Printed in Taiwan